Die 7 Todsünden
bei Werbung mit
Flugblatt, Postwurf, Flyer

Die besten Tipps zur Flyergestaltung:
einfach – schnell – erfolgreich!

Alois Gmeiner

Gmeiner, Alois:

**Die 7 Todsünden
bei Werbung mit Flugblatt, Postwurf, Flyer.**
Die besten Tipps zur Flyergestaltung: einfach – schnell – erfolgreich!

VERLAG-IDEENMANUFAKTUR

ISBN 9783848212163
© 2012
Idee und Konzept, Text und Fotos: Alois Gmeiner
© Coverfoto: Bagotaj / Fotolia.com
Covergestaltung und Layout: Alois Gmeiner
Lektorat: Johanna Schuh

www.ideenmanufaktur.info
Herstellung und Verlag: Books on Demand GmbH, Norderstedt

Inhalt

Vorwort und Angebot

Liebe Leser!

Mit diesem Büchlein (ganz bewusst nicht BUCH) möchte ich eine Reihe beginnen, in der ich in ganz kurzer und kompakter Form bestimmte wichtige Themen der Werbung erklären und präsentieren möchte. Themen, die für jeden Unternehmer und Freiberufler für seine wirtschaftliche Entwicklung von entscheidender Bedeutung sind.

Beginnen möchte ich mit einem Werbemittel, das zwar sehr oft zum Einsatz kommt, wo es aber auch immer wieder sehr große Missverständnisse gibt. Hauptsächlich, weil man denkt, man bräuchte nur mal schnell ein paar Produkte oder eine kurze Erklärung zu seiner Dienstleistung auf ein Blatt Papier zu drucken und an ein paar Haushalte zu verteilen, oder (noch schlimmer) die Flyer einfach irgendwo aufzulegen – und schon rennen einem die Kunden den Laden ein oder stürmen die Website oder rufen glücklich an und bestellen, buchen und beauftragen auf Teufel komm raus.

FALSCH!
Das wäre schon eine jener Todsünden, die bei der Flyerwerbung (und eigentlich bei jeder Werbung) fast immer gemacht wird: keine Vorteile für die Kunden!

Fakt ist, es gibt, wie überall, bestimmte Regeln denen man folgen muss, um Erfolg zu haben. Diese Regeln möchte ich Ihnen in diesem Büchlein präsentieren. Und ich möchte sofort mit dem Thema VORTEILE beginnen:

DIE VORTEILE DES WERBETHERAPEUTEN:

1.) Eine Homepage mit vielen GRATIS Infos zu Werbung und PR
2.) Ein online **GRATIS Werbecheck** auf der Homepage – mit dem Sie Ihre aktuelle Werbung von mir überprüfen lassen und sich KOSTENLOS Tipps für Ihre Werbung und Ihre PR holen können.
3.) Speedcoachings direkt in Ihrem Büro/Lokal/Hotel/Betrieb/Praxis
4.) Kurze Beratungsdauer und hohe Effizienz (Halbtage oder Ganztag)
5.) Am Coachingtag wird sofort „umgesetzt" und daher Konzepte erarbeitet, getextet, Layouts erstellt, und Sie erhalten am Abend

FIX FERTIGE Reinzeichnungen für Ihren Flyer, Ihre Anzeige, Ihr Prospekt, Ihre Homepage, die Sie sofort zum Einsatz bringen können.

MEIN ANGEBOT:

**Senden Sie mir einfach Ihren Flyer per Mail (als PDF- oder JPG-Datei)
Ich mache einen kurzen Werbecheck und gebe Ihnen Tipps, wie Sie den
Flyer verbessern können. werbetherapeut@chello.at
Natürlich GRATIS UND UNVERBINDLICH!
Oder machen Sie auf www.werbetherapeut.com den
GRATIS Online-Werbecheck.**

Apropos: Auf meiner Homepage habe ich auch ein GRATIS E-Book zu diesem Printbuch hinterlegt. Außerdem finden Sie im GRATIS Download-bereich einen Link zu einem Video zum Thema Flyer. Und EXKLUSIV für Sie als Leser dieses Buches gibt es eine Seite, auf der ich Ihnen einige interessante, ungewöhnliche und sehr erfolgreiche Flyerbeispiele vorstelle (Link siehe S. 39). Nutzen Sie also ALLE GRATIS ANGEBOTE auf meiner Website – und scheuen Sie sich nicht, mir auch mal per Mail eine Frage zu stellen – keine Angst – ich beantworte auch diese GRATIS & UNVERBINDLICH. Oder vereinbaren Sie doch mal einen Termin für ein Coaching (über Skype oder persönlich) mit mir – Sie werden staunen!

Denn an so einem Speedcoachingtag – GEHT WAS WEITER!

Alois Gmeiner
www.werbetherapeut.com

Flyer – wozu?

„ICH MACHE SCHON SEIT JAHREN WERBUNG – MIR BRAUCHEN SIE NICHTS MEHR ZU ERZÄHLEN!

UND AUSSERDEM:
WERBUNG FUNKTIONIERT DOCH EH GAR NICHT MEHR!"

Das sind die zwei häufigsten Sätze, die ich in meiner langen Laufbahn als Werbefachmann zu hören bekommen habe.

Gerade Kleinbetriebe oder Gewerbebetriebe mit wenig Werbebudget sind oft frustriert, weil Werbeaktionen zu wenig bringen oder überhaupt keine Reaktionen hervorrufen. Dabei ist WERBUNG eigentlich eine recht einfache Sache. Ich nenne es das IIA Prinzip:

I = Interessieren
I = Informieren
A = Aktivieren

Wenn man diese drei Worte beherzigt, dann kann eigentlich nichts schief gehen.

Gerade im lokalen Bereich gibt es Werbemittel, die sehr schnell sehr gute Erfolge bringen. Ich nenne sie: BLITZWERBEMITTEL. Eines dieser schnell und effektiv wirksamen Werbemittel ist das FLUGBLATT oder – aus dem Englischen ins Deutsche übernommen – der FLYER. Und ich sage den Teilnehmern meiner Seminare und Coachings immer:

Durch BLITZWERBEMITTEL sind mehr Kunden in 14 Tagen – GARANTIERT!

Es kommt nur darauf an, dass man nicht einfach Papier produziert, sondern dieses Papier auch mit INTERESSANTER INFORMATION bedruckt.

Flugblatt, Flyer und Postwurfsendungen sind Werbemittel, die leicht und punktgenau zum Einsatz gebracht werden können. Bei bestimmten Werbeaktionen, die eine klar abgegrenzte Thematik oder eine bestimmte Zielgruppe anvisieren, sind diese Werbemittel günstige Methoden, um viele

Informationen bzw. viele Angebote zu „präsentieren". Denn egal ob Beilagen, Postwurfsendungen oder Flugblatt: Sie sind meist im Format DIN A4 und zumindest 2-seitig. Das bedeutet Raum für viel Text und viel Information.

Die Entscheidung für eine <u>POSTWURFSENDUNG</u> sollte fallen:

- ✓ wenn Sie einen bestimmten Postbezirk (z.B. in der Nähe Ihres Geschäftes/Lokales) mit Ihrer Werbung beschicken wollen
- ✓ wenn Sie sich an keine bestimmte klar definierte Zielgruppe wenden
- ✓ wenn Sie zwar im Postkasten „landen" wollen, aber ohne den organisatorischen Aufwand eines Direct-Mailings
- ✓ wenn es keine persönlichen Adressen gibt
- ✓ wenn der Versand günstiger als bei einem Direct-Mailing sein soll
- ✓ wenn Sie sich hauptsächlich an Endkunden wenden möchten
- ✓ wenn Sie keine Adressen zukaufen wollen

Die Entscheidung für einen <u>FLYER</u> oder ein <u>FLUGBLATT</u> sollte fallen:

- ✓ wenn Sie noch günstiger als bei den Gebühren einer Postwurfsendung wegkommen wollen
- ✓ wenn Sie bestimmte Stadtteile oder sogar nur einzelne Straßen beschicken wollen
- ✓ wenn Sie den Endkunden erreichen wollen
- ✓ wenn Sie aktuell und „brandheiß" sein wollen (z.B. bei einem Ausverkauf)
- ✓ wenn Sie Ihre Flugblätter persönlich verteilen lassen wollen
- ✓ wenn Ihre Flugblätter bei Großveranstaltungen oder vor bestimmten Lokalitäten verteilt werden sollen
- ✓ wenn Sie gezielt zu bestimmten Tageszeiten verteilen lassen wollen
- ✓ wenn Sie gezielt an bestimmten Straßenecken oder anderen stark frequentierten Orten verteilen wollen
- ✓ wenn Sie Ihre Werbeblätter in Einkaufstraßen oder vor großen Frequenzbereichen verteilen lassen wollen
- ✓ wenn Sie die Flyer auch in Frequenzbereichen „hinterlegen" wollen (Kiosk, Lokale, Fitnesscenter, Veranstaltungslokale, etc.)

Was man in der Werbung schon vor 100 Jahren wusste

Ich bin ein echter Bücherwurm. Und als solcher fiel mir ein Buch eines Werbefachmannes aus den 1920ern in die Hände. Immer wieder bin ich erstaunt, wie wenig sich am Basiswissen im Bereich Werbung, Marketing, PR verändert hat. Schon damals galt das Flugblatt – damals nannte man es noch „Werbedruckschrift" – als hervorragendes Werbemittel.

Ich möchte Ihnen in der Folge einige Zeilen von **anno dazumal** servieren. Immer noch aktuelles Wissen in einer Sprache „aus der Mottenkiste" ...

Die Werbedruckschrift!

Der alte Ausdruck für Flyer!

Denn:

1. Um einen Kunden zu gewinnen, ist es nicht damit getan, ihm sozusagen „einige Brocken hinzuwerfen". Man muss ihn vielmehr eingehend durch Beweise davon

   Überzeugen Sie mit Ihrem Angebot – in Wort und Bild!

   überzeugen, dass er nichts Besseres tun kann, als auf ein bestimmtes Angebot einzugehen. Diese ausführliche Unterrichtung in Wort und Bild aber ist nur durch die Werbedruckschrift möglich.

2. Ein Angebot interessiert nicht jeden Kunden aus den gleichen Gründen. Was für den einen den Ausschlag gibt, ist für den anderen ohne Belang und umgekehrt.

   Stimmen Sie Ihren Flyer auf die Zielgruppe ab!

   In verschiedenen Werbedruckschriften kann das Angebot mit der notwendigen Gründlichkeit im Hinblick auf die verschiedenen Abnehmerkreise verschieden dargestellt werden. Ein Automobil z.B. bedeutet etwas anderes für die Frau, für den Vertreter, für den Herrenfahrer – eine Kartei etwas anderes für die Buchhaltung, für das Lager, für die Verkaufsabteilung. Nur die Werbedruckschrift kann diesem Gesichtspunkt voll gerecht werden.

3. Kein Werbemittel kann so vielseitig verwendet werden, wie die Werbedruckschrift: als Zeitungsbeilage, als Katalog, als Flugblatt zum Verteilen von Haus zu Haus oder als Briefbeilage, als Helfer des Vertreters, als Gebrauchsanweisung usw.

> *Flyer – vielseitig einsetzbar als Beilage, Handzettel ... zum Verschicken, Verteilen ...*

Danach ist bei der Gestaltung und Verwendung der Werbedruckschrift auf folgendes zu achten:

1. Ehe du eine Werbedruckschrift entwirfst, überlege dir, an wen du dich mit ihr wenden willst und stelle sie danach ab auf

> *Was ist Ihre Zielgruppe?*

den Wiederverkäufer oder auf den „letzten Verbraucher", auf allgemeine Unterrichtung oder auf die Bedürfnisse eines bestimmten Abnehmerkreises.

2. Die Form der Werbedruckschrift richtet sich nach der geplanten Verwendungsart. Soll sie als Zeitungs- oder Briefbeilage oder als Wurfsendung nur den ersten

> *Wählen Sie ein passendes Format!*

Kontakt herstellen, wird man ihr die Form eines zwei-, höchstens vierseitiges Prospektes geben. Soll sie irgendeiner Vorarbeit (durch Briefe oder Vertreter) nachhelfen, wird sie als Broschüre oder Katalog auszubauen sein.

3. Ehe du mit dem Entwurf selbst beginnst, trage alle Tatsachen zusammen, die du zu berichten hast, überlege dir, wen dies, wen jenes interessiert, ordne danach die

> *Schreiben Sie einen aussagekräftigen Text!*

Argumente und schreibe sie in der leichtest fassbaren, einfachsten Form nieder.

4. Überlege dir, welche Eigenschaften und Vorteile deiner Ware du zweckmäßig durch Bilder lebendig machst und prüfe, ob dies überzeugender durch Fotos oder durch Zeichnungen geschieht.

> *Der Eyecatcher: Wählen Sie ein überzeugendes Bild!*

5. Versuche jede deiner Behauptungen durch Zeugnisse deiner Kunden zu belegen.

6. Schreib deinen Prospekt in klarem Deutsch, in warmem Ton, doch ohne Übertreibungen und in klarem, logischem Aufbau. Stelle dir dabei vor, dass du deinen Kunden einen Verkaufsvortrag hältst: lebendig wie das gesprochene Wort muss das gedruckte dastehen.

7. Es versteht sich von selbst, dass die gleiche Sorgfalt wie auf die Darstellung auch auf das Äußere der Werbedruckschrift gelegt werden muss: gutes Papier, klare Schrifttypen, sauberer Druck sind die erste Voraussetzung dafür, dass dein Prospekt die gewünschte Aufmerksamkeit findet. Mangelnde Sorgfalt auf diesem Gebiet lässt auf mangelnde Sorgfalt auch im Einhalten der gegebenen Versprechungen schließen, womit aber die Werbewirkung der Druckschrift von vornherein null und nichtig wäre.

Hier wie überall aber finden wir: die besondere Wirkung einer Werbedruckschrift kommt von den besonderen Schlaglichtern, die man ihr aufsetzt.

Na, habe ich zu viel versprochen – es hat sich kaum etwas geändert in knapp 100 Jahren. Werbung funktioniert immer noch gleich, weil der Mensch immer noch gleich funktioniert. Es geht um einen Verkaufsprozess und der muss mit unserem Flyer unterstützt werden oder überhaupt erst in Gang gebracht werden.

Was man <u>heute</u> über Flyer wissen muss

Flyer – ein effektives Werbemittel!

Flyer, Flugblatt, Postwurf sind Werbemittel, mit denen Sie blitzschnell auf Umsatzeinbrüche reagieren können. Oder bei bestimmten Promotion-aktionen noch mal massiv nachstoßen können. Es dauert nur wenige Stunden oder Tage bis die Aktion greift und neue Kunden und mehr Umsatz erzielt werden.

Wie bei jedem Werbemittel gilt: Das Werbemittel ist wie ein unbeladener LKW – und zwar nur der LKW! Welchen INHALT der LKW liefert, das bestimmen Sie mit Gestaltung, Format und Text!

Die frische Ware liefern immer – Sie! Man kann es daher nicht oft genug sagen: Ausschlaggebend für den Werbeerfolg sind in erster Linie Ihre konkurrenzfähigen Angebote und Aktionen. Das Werbemittel ist immer nur der Transporteur Ihrer Nachrichten. Und wenn es keine guten Nachrichten sind, dann war jeder Aufwand vergebens.

Überzeugen Sie mit Ihrem Angebot – bieten Sie einen klaren VORTEIL FÜR DEN KUNDEN!

Nichts ist attraktiver als VORTEILE! Nur darauf reagiert der moderne Konsument. Geben Sie ihm also diese Vorteile – je mehr desto besser. Denken Sie dabei an die Homeshopping Filme im TV. Dort wird ein simples Produkt auch von den Moderatoren in allen Bereichen beleuchtet und jeder kleinste Vorteil mehrfach ausgelotet und ausführlich ausgelobt.

Mein Tipp:
<u>HAUPTVORTEIL muss auf die Titelseite</u>   UNÜBERSEHBAR & AUFFÄLLIG!

NEUERÖFFNUNG!

AUSVERKAUF

NEUE KOLLEKTION!

Der HAUPTVORTEIL ist ihre Antwort auf die beiden folgenden Fragen:
⇒ Auf welchen Vorteil würden meine angepeilten Kunden am besten reagieren?
⇒ Welche Informationen könnten meine potentiellen Zielgruppen dazu bringen bei mir – und nur bei mir – zu kaufen?

Das größte Problem für Flyer in der heutigen Zeit: Die Flut an Werbematerial in unseren Postkästen. Aber auch die Flut an Flyern, die wir auf Marktplätzen oder in Einkaufstraßen in die Hand gedrückt bekommen.

Aber warum funktionieren dann diese Medien immer noch?
Ganz einfach: Weil sie einen Vorteil in uns wecken.

Beobachten Sie einmal sich selbst oder einen Fremden, wenn er auf der Straße einen Flyer in die Hand gedrückt bekommt. Achten Sie auf die Augen. Der Flyer wird lustlos in die Hand genommen, aber mit den Augen rasch aber intensiv „überflogen". Wenn in diesen wenigen Sekunden ein VORTEIL entdeckt wird – BINGO – GEWONNEN! Wenn das nicht passiert – war alle Liebesmüh vergebens.

Also sorgen Sie für VORTEILE – und zwar GUTE VORTEILE!

Und was, bitte schön, sind GUTE VORTEILE?

Wir haben alles! Niemand braucht noch ein paar Hosen, weil er sonst nichts anzuziehen hat. Niemand muss heute in ein Lokal essen gehen, weil er sonst verhungert. Es geschieht meist nur aus Lust am Neuen, am Anderen. Nutzen Sie diese Vorteile. Und nutzen Sie die Gier der Menschen. Lassen Sie sich nichts anderes erzählen: Wir sind noch immer im Schnäppchenzeitalter. Und das wird sich auch in der nächsten Zeit nicht ändern. Reagieren Sie darauf mit wirklich guten Preisen und möglichst interessanten Aktionen.

Nach folgenden Kriterien wird seit jeher ein Produkt oder eine Dienstleistung gescannt:

1. GRATIS
2. MEHR UM WENIGER
3. PROZENTE / SCHNÄPPCHEN
4. ZEITERSPARNIS
5. GESCHWINDIGKEIT

6. POWER
7. KOSTENERSPARNIS
8. HALTBARKEIT
9. GESUNDHEITSFÖRDERND
10. PRESTIGE
11. FUN-FAKTOR
12. ARBEITSERLEICHTERUNG
13. ACTION UND ABENTEUER
14. FREIHEIT UND UNABHÄNGIGKEIT
15. VIELFALT

Stimmen Sie Ihren Flyer auf die Zielgruppe ab!

Sehen Sie sich die Flyer von Discotheken und Clubs an – sie sind grundsätzlich anders gestaltet als die Flyer eines Handwerksbetriebes oder eines Frisörs. Kein Wunder, die Zielgruppen sind unterschiedlich und auch das Produkt selbst ist anders.

Daher überlegen Sie sich, für wen Ihr Flyer oder Ihr Postwurf eigentlich bestimmt ist. Denn das Massenmedium Postwurf macht keinen Unterschied ob Pensionist oder Jugendlicher. Der Flyer geht AN EINEN HAUSHALT – und in diesem Haushalt gibt es eben verschiedene Zielgruppen.

Für wen ist Ihr Flyer gemacht – wer soll darauf reagieren? Die Gestaltung, die Bilder, das Format, die Texte müssen daher auf diese Zielgruppe abgestimmt sein.

Kennen Sie die 5 wichtigsten Fragen der Do-it-yourself Zielgruppenbestimmung? Hier sind sie:

- WER?
- WOHER?
- WIE ALT?
- WIEVIEL GELD?
- WELCHE BILDUNG?

Was Sie darüber hinaus noch über Ihre Zielgruppe wissen ist Ihr Kapital, das Sie hüten sollten wie Ihren Augapfel.

Da Sie über Flyer natürlich neue Kunden ansprechen wollen, überlegen Sie sich, welche Zielgruppen in Zukunft wichtig für Sie sind (oder werden könnten) und welche Gruppen Sie – stärker als bisher – erreichen und ansprechen wollen.

Format & grafische Gestaltung

Früher nannte man alle Werbemittel, die aus nur einem oder höchstens zwei Blatt bestanden – Flugblatt. Aber die Clubbingszene der 80er und 90er Jahre wollte kleinere und coolere Werbemittel. Werbemittel, die man ganz einfach in die Brieftasche stecken konnte, wenn man auf dem Weg ins Büro den Flyer für die nächtliche Clubbinglocation in die Hand gedrückt bekam.

Also wurde das Flugblatt kleiner. Und siehe da, ein A5 Format oder ein A6 Format (Postkartengröße) passten viel besser und man konnte zum gleichen Preis sogar doppelt so viele Flyer produzieren, wie mit den unhandlichen A4 Formaten. Der Flyer war entstanden.

Und wer sich überlegt „Handzettel" an Passanten zu verteilen (egal für welche Branche), der sollte auf die Erfahrungen der Clubbingszene zurückgreifen und kleinere Formate als A4 produzieren. Wenn Flyer aber an Haushalte verteilt werden, dann wäre ein A4 Format sicher ideal.

Bei persönlicher Verteilung sollte der Flyer in die Brieftasche passen. Dafür reicht auch ein Flyer in Scheckkartengröße oder in Postkartengröße – die maximale Größe für einen Flyer, der per Hand verteilt wird sollte das A5 Format sein.

Bei einem Postwurf kommt es eigentlich nur auf den Umfang des Inhalts an. Der muss rüber kommen. Und – wir müssen auch im Postkasten auffallen.

Sie fragen sich, wie man das macht?
Tipps dazu siehe Punkt: „Machen Sie es ANDERS ALS DIE ANDEREN!"

Beachten Sie bei Ihren Flyern und Prospekten auch:

Jeder Gang in die Öffentlichkeit muss auf das Unternehmen und sein jeweiliges Image abgestimmt werden. Die Zielgruppe sollte sofort erkennen können, um welches (wessen) Angebot es sich handelt. Ein Blick sollte genügen und ich muss den vor mir liegenden Prospekt als „Pizzaservice-Prospekt" identifizieren. Zusätzlich muss diese Identifikation auch noch bei geringer Aufmerksamkeit durch den Leser und bei sehr kurzer Betrachtungsdauer stattfinden.

Ein Wort zum Einsatz von **FARBEN** in gedruckten Werbemitteln wie beispielsweise Flyern. Früher waren Farben teuer. Teilweise ist das in Druckereien immer noch so. Die Kosten entstehen dadurch, dass für jede zusätzliche Farbe in der Druckvorbereitung auch ein eigener „Druckfilm" benötigt wird. Daher war man darauf bedacht, möglichst wenig verschiedene Farben zu verwenden. In Zeiten des Digitaldruckes und des Internet sieht die Farbenwelt nun anders aus. Im Internet finden Sie heute viele günstige Druckereien. Farbdruck ist heute kein Luxus mehr!

Überhaupt hat sich durch die neuen Technologien im Bereich Computer und Internet vieles verändert. So schickt man heutzutage die druckfähigen Daten meist ganz einfach via Internet oder E-Mail an die Druckerei, in der Regel im PDF Format. Wichtig dabei ist das Wort „druckfähig" – und was das bedeutet, das weiß Ihr Grafiker ohnehin. Außerdem können Sie auf den Websites von Online-Druckereien nachlesen, was man unter druckfähigen Daten versteht.

Der Einsatz von Farben in der Flyer-Gestaltung kann sehr wirkungsvoll sein. Allerdings sollten Sie die psychologische Wirkung von Farben nicht überschätzen. In Flyern sind die Farbflächen zu klein, um eine psychologische Wirkung zu erzielen. Andere Faktoren, wie z.B. Größe, Format, Auffälligkeit, Text, wirken hier viel schneller und effizienter.

Die wichtigsten Punkte beim Einsatz von Farben:
- ✓ Die Farbe muss Ihnen gefallen!
- ✓ Die Farben sollten zu Ihrem Unternehmensdesign passen!
- ✓ Farben können als Eyecatcher, als Blickfang, als Hingucker dienen, also das Auge auf besonders wichtige Informationen lenken!

Bezüglich grafischer Gestaltung gibt es bestimmte Grundregeln – dabei ist allerdings nur der erste Blickkontakt und die erste Aufmerksamkeitswirkung gemeint:

- Bilder wirken vor Text
- Fotos wirken vor Zeichnungen
- Bilder von Menschen wirken vor Maschinen und Produkten

**Der Mensch nimmt verschiedene grafische Elemente
mit unterschiedlicher Priorität wahr:**

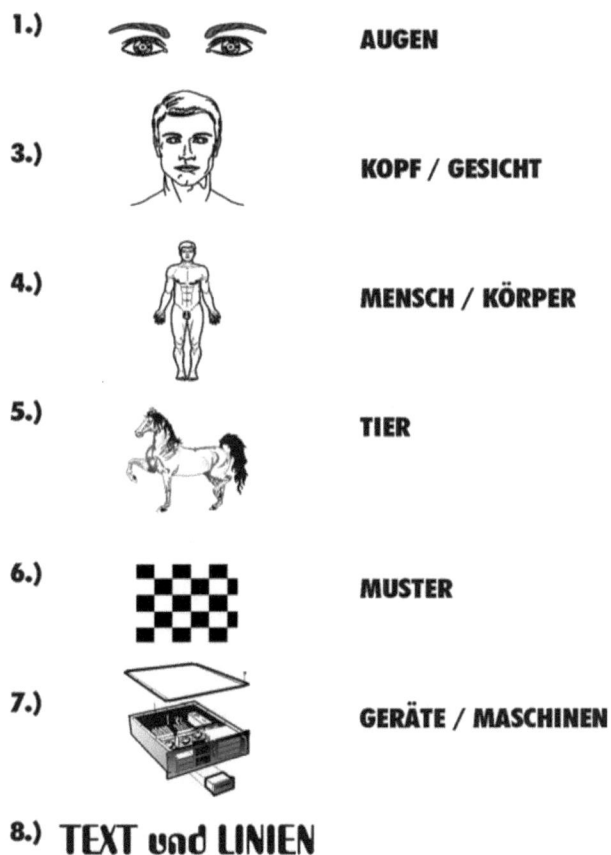

1.)   AUGEN

3.)   KOPF / GESICHT

4.)   MENSCH / KÖRPER

5.)   TIER

6.)   MUSTER

7.)   GERÄTE / MASCHINEN

8.) TEXT und LINIEN

Versuchen Sie Folgendes – und Sie wissen was gemeint ist:
Nehmen Sie eine Zeitung oder ein Magazin, das Sie noch nicht durchgeblättert haben. Legen Sie es vor sich auf den Tisch und beginnen Sie zu blättern. Was fällt Ihnen auf? Ich bin mir sicher, dass Ihr Blick beim Umblättern sofort und als erstes auf ein Foto fallen – und bei mehreren Fotos fällt Ihr Blick zuerst auf ein Foto mit einem Menschen – und dort sehen Sie dem Menschen ins Gesicht – und in die Augen. Erst danach fällt Ihnen Text auf. Also Headlines und Langtexte.

Aber Achtung!
Damit ist nur die erste Aufmerksamkeitserregung gemeint. Glauben Sie bitte nicht, das Werbung NUR mit Bildern funktioniert – nur Texte können den Konsumenten zu einer Handlung motivieren. Und daher mein eindringliches Statement:

JA, WERBUNG WIRD GELESEN!

Text & Werbebotschaft

Flugblätter sind <u>kleine</u> Werbemittel, daher können Sie ruhig mehr Text verwenden – aber folgerichtig und ÜBERSICHTLICH sollte er sein.

Schreiben Sie kurze Sätze. Lange Sätze bedeuten größere Konzentration, Aufmerksamkeit und natürlich auch größere Anstrengung vom Leser. Und genau diese Anstrengung möchte er sicher nicht auf sich nehmen. Daher kurz und prägnant.

BEACHTEN SIE DIE FOLGERICHTIGKEIT IM TEXT

Begehen Sie keine Sinnfehler im Langtext (Copytext) und gehen Sie der Reihe nach vor. Halten Sie sich dabei an den Aufbau eines Kriminal-Romans:

1. Der Mord passiert (in Ihrem Werbetext ist das die Problemstellung / oder die Vorstellung).
2. Die Suche nach dem Mörder durch den Detektiv (Aufzählung der Anwendungsmöglichkeiten und Vorteile).
3. Der Mörder wird gefasst. Der Detektiv ist der Held (in der Werbung ist die Problemlösung / das Produkt der Held).

Einfach gesagt: Präsentieren Sie Ihr Produkt nicht schon als Helden, wenn der Leser noch nicht einmal das Problem erkannt hat, das Ihr Produkt imstande ist zu lösen. Aber natürlich gibt es auch zu dieser Regel Ausnahmen!

BEHALTEN SIE IMMER DAS WERBEZIEL IM AUGE!

Wenn ein Segler weiß, wohin er will, und sich immer an die Seekarten und an den Kompass hält, wird er auch in schwerer See nicht das Ziel aus den Augen verlieren. So (oder so ähnlich) funktioniert das auch in der Werbung. Texten Sie nicht einfach einen Flyer, ein Flugblatt oder eine Anzeige, sondern überlegen sie sich vorher sehr genau, was dieses Werbemittel bewirken soll, oder besser, was Sie von Ihren potentiellen Kunden erwarten. Wollen Sie Ihre Geschäftsneueröffnung mit einer Anzeige ankündigen, dann tun Sie das sehr deutlich und vielleicht kündigen Sie im Zuge der Eröffnung auch ein Eröffnungsangebot an. Aber es hätte dann keinen Sinn, auch gleichzeitig einen Saisonausverkauf anzukündigen – das wäre zu viel Information auf einmal und brächte rein gar nichts.

WERBUNG MUSS EINES BEWIRKEN – REAKTIONEN!

Man kann es drehen und wenden wie man will, Werbung ist nicht Selbstzweck, sondern Sie wollen eine konkrete Reaktion bei Ihren „Noch-Nicht-Kunden" bewirken. Welchen ersten Schritt sollen die Kunden setzen? Wenn Sie nicht ganz klar sagen, dass die Kunden z.B. bei Ihnen anrufen sollen, um GRATIS Kostproben anzufordern, wie soll es dann der Kunde wissen? Daher sagen / schreiben Sie deutlich in Ihr Flugblatt, was der Kunde TUN soll.

MACHEN SIE ES DEM KUNDEN LEICHT!

Und zwar so leicht als irgend möglich, auf Ihre Werbung auch eine „Reaktion" zu setzen. Denn es hilft Ihnen gar nichts, wenn Sie jeder für Ihre schöne Werbung lobt (oder Sie dafür hübsche Kreativ-Preise gewinnen). Wenn keine Kupon-Rücksendungen, keine Anrufe, keine Besucher, keine besseren Umsatzzahlen zu verzeichnen sind, war es ein Misserfolg. Basta!

ALLES WOLLEN BRINGT MEIST GAR NICHTS

Machen Sie sich das Leben nicht schwerer als es ohnehin ist. Fürs „Verkaufen" haben Sie im Geschäft oder bei einem persönlichen Kundengespräch ohnehin noch genügend Zeit. Auch ich selbst lade potentielle Kunden selbstverständlich GRATIS & UNVERBINDLICH zu einem Beratungsgespräch ein, oder komme zu einem Erstgespräch zum Kunden. Ich glaube, ich hatte noch NIE einen Kunden, der nicht zumindest ein- oder zweimal angerufen hat, zu einem Beratungsgespräch in mein Büro gekommen ist, oder mit dem ich einen mehrmaligen E-mail-Verkehr hatte.

Bedenken Sie das und machen Sie es SCHRITT FÜR SCHRITT!

SPRECHEN SIE DIE SPRACHE IHRER ZIELGRUPPE

Normalerweise sollte Ihr Werbetext immer um eine Stufe einfacher formuliert werden, als es der Bildungsstand der angesprochenen Zielgruppe zulässt.

Die einfache Formel lautet:
Einen Akademiker sprechen Sie in der Sprache eines Gymnasiasten an. Einen Abiturienten/Maturanten sprechen Sie auf dem Bildungsniveau eines Schülers an. Und für Bauern, Arbeiter oder einfache Angestellte ist der Sprachschatz eines Volksschülers ausreichend.

Wohlgemerkt, ich behaupte hier nicht, dass eine Zielgruppe „dümmer" ist als die andere. Denken Sie an den Ausspruch „Bauernschlau", der viel Wahres in sich birgt. Es geht ausschließlich um bestimmte Ausdrücke, oder bestimmtes Wissen, das nicht vorausgesetzt werden sollte. Ich persönlich kenne einige einfache Arbeiter, die einen höheren Wortschatz und eine höhere Allgemeinbildung haben, als manche meiner akademisch gebildeten Bekannten (von mir liebevoll Fachidioten genannt).

SPRACHE KANN AUSSCHLIESSEN

Was wir beim Anzeigentexten vermeiden wollen ist, dass sich der Kunde durch eine zu „gespreizte" Sprache oder durch Wissen, das vom Schreiber (arroganterweise) vorausgesetzt wird, „unterlegen" fühlt und daher einfach aus unserem Text aussteigt. Apropos: Wenn Sie Computerhändler oder Verkäufer einer Softwarefirma sind, dann sollten Sie diesen Tipp besonders beherzigen. Denn gerade in dieser Branche glauben die Verkäufer besonders „cool" zu sein, wenn Sie den kaufwilligen Laien mit „oberlehrerhaftem Gerede" zuquatschen, bei dem nicht die geringste Information vermittelt, sondern nur Fachchinesisch zum Besten gegeben wird.

NUR KEIN FACHCHINESISCH

Ebenfalls ein wichtiger Punkt für unsere „lieben" Techniker, Webdesigner und Computerhändler. Verschonen Sie ihre Kunden mit fachchinesischen Informationen, die meist vom Kunden gar nicht nachgefragt wurden. Leider agieren die Verkäufer in diesen Branchen wie aufgezogene Spieluhren. Einmal gestartet, gibt es kein Halten mehr. Nehmen Sie sich ein Beispiel an den großen Computerproduzenten, und gerade jetzt an Apple. Der „i-Pod" und das „i-Pad" von Apple verkaufen nicht deshalb so viele Stück, weil die Hardware oder Software so sensationell ist (was durchaus der Fall sein kann), sondern weil das Design „geil" ist und weil die einfache Bedienung der U.S.P. ist.

AUCH IM TEXT IHREN U.S.P. IM AUGE BEHALTEN

U.S.P. steht für „Unique Selling Proposition". Kein Werbefachbuch kann eigentlich ohne dieses Kürzel auskommen. Es kommt aus dem Englischen (natürlich) und bedeutet auf gut Deutsch:

DER EINZIGARTIGE VERKAUFSGRUND

Wenn Sie sich „Billiger Jakob" nennen, dann sollte dieses „Image" immer „zu spüren" und präsent sein. In meinem Fall höre ich immer wieder von meinen Kunden, das sie beim Durchlesen meiner Werbebriefe oder auch meiner Homepage „zwischen den Zeilen" immer GÜNSTIG und AUCH FÜR KLEINE BUDGETS lesen. Sie verstehen, was ich meine?

TEXTE NACH DER EINFACHEN I. I. A. METHODE

Beim Schreiben von Werbung sollten Sie sich 3 Anforderungen merken, die Ihr Text erfüllen sollte, um erfolgreich zu sein. Die Formel lässt sich im Prinzip auf alle Werbemittel anwenden. Sie ist sowohl auf die Textierung als auch auf die grafische Gestaltung anzuwenden. Ich nenne Sie:

„I. I. A. Methode"

Interessieren: Auffallen um jeden Preis (beim „Texten" auch durch eine provokante Headline)

Informieren: Geben Sie Ihrem potentiellen Kunden Fakten und Informationen, die ihm bei seiner Problemlösung helfen. Sagen Sie nicht: Wir sind die Schönsten und Besten, sondern versuchen Sie ganz konkret zu bleiben.

Aktivieren: Sehr oft werden die ersten beiden Punkte (Interessieren, Informieren) angewandt, aber dann auf ein konkretes und massives „Aktivieren" der Zielgruppe vergessen. Gemeint ist damit, dass Sie dem Kunden sagen, was Sie von ihm als nächsten Schritt erwarten, und Sie ihm diesen „nächsten Schritt" so leicht und attraktiv als möglich gestalten. z.B. durch einen Kupon, mit dem der Kunde GRATIS Infos anfordern kann. Oder eine im Prospekt abgedruckte Rabattmarke, mit der er Ihr Produkt zum Sonderpreis bekommt. Oder eine GRATIS Beratungs- und Bestell-Hotline ohne Telefonkosten für den Kunden. Oder einfach nur die Einladung ins Geschäft für eine gratis Verkostung Ihrer neuen Spezialität. Ich persönlich bin gegen jedes Geschenk, für das der Kunde keine Gegenleistung bringen muss.

VERSCHENKEN SIE NICHTS OHNE GEGENLEISTUNG

Darunter verstehe ich, dass ich das echte Verschenken von Produkten oder Werbeartikeln an Kunden ablehne. Ich meine, es bringt nichts und lockt nur „Schnorrer" in Ihr Geschäft. Wenn Sie aber als Gastwirt an einem bestimmten Tag Ihr Menü oder einen Kaffee gegen Abgabe des Anzeigenkupons um 70% billiger verkaufen, dann werden die echten Schnorrer abgehalten, denn die kommen nur, wenn Sie etwas ohne die geringste Gegenleistung anbieten. Also, außer Informationen oder Werbe-unterlagen (und dafür bekommen Sie schließlich die Adresse eines potentiell Interessieren) nichts vollkommen Gratis verschenken und wenn, dann muss der Kunde zumindest eine Kleinigkeit dafür tun. Das ist übrigens auch das Prinzip meines GRATIS Downloadbereich auf meiner Homepage:

Gib mir deine e-mail Adresse und du bekommst Informationen

Das funktioniert prächtig und auch Sie können nach diesem Verfahren Menschen dazu bewegen, auf Ihre Homepage gehen, um sich etwas (eine Information) GRATIS herunter zu laden. Aber Achtung: auch hier sollte es etwas sein, das „interessant" ist. Bei einem Restaurant können es also ruhig „Geheimrezepte aus Großmutters Zeiten" sein. Einige leckere Rezepte in Form eines E-Book. Die Kosten dafür – minimal!

VERSCHENKEN SIE ETWAS – GEGEN LEISTUNG

Warum Sie „nichts" verschenken sollten ist Ihnen nun klar. Um Sie nun gänzlich zu verwirren „oute" ich mich nun als hemmungslosen „Verschenker". Verschenken steigert (wie Untersuchungen gezeigt haben) die Rücklaufquote von Antwortkarten und Kupons gewaltig. Wie die beiden Gegensätze zusammenpassen, haben Sie natürlich längst durchschaut. Ich bin nur gegen das „einseitige" Verschenken. Wenn der Kunde sein Geschenk einfach nur abholen soll, bringt das dem Geschäftsinhaber meist nichts. Wenn Sie aber den Kunden um eine Gegenleistung bitten, dann ist Verschenken eines der sichersten Mittel, um den Erfolg von Werbung zu steigern. Und glauben Sie nicht, dass nur einkommensschwache Zielgruppen auf Geschenke fliegen. Beim richtigen „Geschenk" sind auch Generaldirektoren wahre Kupon-Sammler (und das auch bei Geschenken, die nur wenige Euro kosten). Es kommt eben immer auf das „Gewusst wie" an.

Überlegen Sie einfach, was Ihrer Zielgruppe „Freude" machen könnte und schenken Sie es ihr. Aber verlangen Sie für jedes Geschenk immer eine Gegenleistung von Ihrem Leser / Interessenten.

KENNEN SIE DAS WERBEZAUBERWORT – „NEU"?

Es ist nachgewiesen, dass die Werbezauberworte die Aufmerksamkeit jedes Werbemittels enorm steigern. Und gerade das unbedeutende Wörtchen NEU kann ungeahnte Power mobilisieren.

Denken Sie daran, dass jede Werbung im Grunde genommen „Neuheiten" oder „Aktualitäten" präsentiert. Sie überfliegen Flugblätter deshalb, weil Sie Angst haben, ein supertolles Angebot zu verpassen. Sie lesen Anzeigen, weil Sie „unterbewusst" immer auf der Suche nach einer Problemlösung sind. Und das Wörtchen NEU zeigt Ihnen einfach und klar – hier ist etwas NEUES – und Ihr Gehirn denkt sofort weiter und hofft auf etwas – BESSERES – PRAKTISCHERES – GÜNSTIGERES – MODISCHERES – EINFACHERES – etc.

Sagen Sie lange genug, dass Sie NEU sind. Begehen Sie nicht den „teuren" Fehler, Ihre Neuigkeit zu kurz anzupreisen. Sie können bei einer Geschäftsneueröffnung durchaus ein halbes Jahr damit werben. Oder aber Sie variieren Ihre Neuheiten immer wieder.

Wenn Sie genau überlegen, dann hat auch Ihre „alteingesessene" Firma etwas NEUES zu bieten. Etwas, das als Vorteil für den Kunden genutzt werden kann. Oder ist Ihr neuer Lieferwagen nicht deshalb angeschafft worden, um Ihren Kunden einen „schnelleren Zustellservice" bieten zu können. Na bitte, da haben wir schon die nächste Headline und die Möglichkeit, das Zauberwort NEU zum Einsatz zu bringen.

Auch wenn sich Kleinigkeiten ändern – sagen Sie den Kunden diese NEUHEIT! (Was Waschmittelfirmen seit Jahren mit großem Erfolg praktizieren, sollten Sie auch tun!)

Noch einmal: Das Wort NEU erhöht die Aufmerksamkeit Ihrer Werbung um ein Vielfaches.

DAS WICHTIGE WORT – „GRATIS"

Da Sie als gewissenhafter Leser alle Tipps der Reihe nach studieren, kennen Sie bereits meine grundsätzlich positive Meinung zum „Verschenken" in Verbindung mit einer Gegenleistung vom Kunden. Aber auch wenn Sie glauben, nichts in Ihrem Unternehmen zu finden, das sich GRATIS anbieten ließe, sage ich Ihnen – da liegen Sie sicherlich FALSCH!

Denken Sie an den Tischler, der schon immer seine Möbel – GRATIS liefert. Oder der Installateur, der die Bäder seiner Kunden – GRATIS plant. Oder der Wirt, der in der Happy Hour jedes 3. Getränk – GRATIS anbietet. Oder der Lebensmittelhändler, der ab einer bestimmten Menge – GRATIS bis in die Küche liefert. Oder der Computerhändler der für seine Hard- und Software – GRATIS Einschulungen bietet.

Ich bin mir sicher, auch bei Ihnen gibt es vieles GRATIS, vieles, das bisher einfach als selbstverständlicher Service gesehen wurde. Verschwenden Sie keine Ressourcen, nutzen Sie die Macht der Zauberworte – ab sofort wird auf selbstverständliche GRATIS-Leistungen in der Werbung hingewiesen.

DAS WICHTIGE WORT – „UNVERBINDLICH"

Auch ein Wort mit großer Wirkung. Denken Sie nur daran, dass die meisten Personen Angst vor einer definitiven Entscheidung haben. Sie wollen sich die Sache einmal „genauer anschauen", sie genauer „prüfen" oder genauer „unter die Lupe nehmen". Und genau diese Angst wird durch das Wort UNVERBINDLICH genommen. Wenn jemand dieses Wort liest, dann fühlt er sich sicher – und die Hürde einen Kupon zurückzusenden, oder einen Anruf zu tätigen, oder einen Gesprächstermin mit Ihnen wahrzunehmen, wird deutlich verringert.

DIE HAUPTAUSSAGE STEHT IN DER HEADLINE

Einige Tipps für kurze effektvolle Headlineformulierungen, die auch einen Vorteil für den Konsumenten enthalten. Überprüfen Sie die folgenden Aussagen im Hinblick auf Ihre eigenen Produktvorteilen und wenn sie zutreffen, verwenden Sie einfach diese. Es genügt dann eigentlich, wenn

Sie ein eigenes Produktfoto unter diese Headline positionieren und kurz die Vorteile Ihres Produktes aufzählen, den Preis nennen, oder einen Kupon anfügen und GRATIS und UNVERBINDLICH weitere Infos oder eine Kostprobe in Ihrem Geschäft anbieten. Oder nutzen Sie die folgenden Vorschläge einfach als Ideenbringer für eigene „Kreationen".

Kurz gesagt: Wenn Ihnen eine der folgenden Headlines gefällt:
Stehlen Sie sie von mir!!!! (Ganz legal!)

- ✓ SELBSTGEMACHT – KINDERLEICHT!
- ✓ EINFACHE BEDIENUNG!
- ✓ EINFACHE HANDHABUNG!
- ✓ EINFACHER ZUSAMMENBAU!
- ✓ GRATIS KOSTPROBEN!
- ✓ GRATIS TESTVORFÜHRUNG!
- ✓ SOFORTIGE LIEFERUNG – KEIN PROBLEM!
- ✓ GRATIS BIER – GIBT'S AB 4.
- ✓ AUS ALT MACH NEU!
- ✓ ALLES FRISCH UND – SOVIEL SIE WOLLEN!
- ✓ ESSEN – SOVIEL SIE WOLLEN!
- ✓ BIS ZUR ERSTEN PAUSE – LIEFERN WIR DIE JAUSE!
- ✓ PERFEKT NACH MASS – OHNE ZUSCHLAG!
- ✓ HAUSBESUCHE GRATIS und UNVERBINDLICH!
- ✓ EILIG IST UNS HEILIG!
- ✓ TOLLER SERVICE – KOSTENLOS!
- ✓ FIXE WEGZEITPAUSCHALE!
- ✓ GRATIS COMPUTERPLANUNG!
- ✓ DIE 2. PERSON ISST AUF UNSERE KOSTEN!
- ✓ JEDES 4. STÜCK GEHT AUF UNSERE KOSTEN!
- ✓ KLASSE STATT KASSE!
- ✓ BESSER NACH MASS ALS MASSE!
- ✓ BILLIG IST GUT – GRATIS IST BESSER!
- ✓ WIR GARANTIEREN VERBINDLICH – JEDER HAUSBESUCH IST GRATIS & UNVERBINDLICH!
- ✓ REINE NATUR IST HARTE ARBEIT!
- ✓ REINE HANDARBEIT IST REINE VERTRAUENSSACHE!
- ✓ NEU – HAUSZUSTELLUNG!
- ✓ VIELFALT STATT EINFALT!
- ✓ KAUFEN SIE – SCHATTEN!
- ✓ DAS ERSTE EIS-AUSSCHREIBEN
- ✓ NIMM 3 ZAHL 2

- ✓ WIR DIENEN IHNEN
- ✓ DESIGNER-EINZELSTÜCKE!
- ✓ DESIGNER AUSVERKAUF!
- ✓ INDIVIDUELLE FERTIGUNG!
- ✓ SIE SIND UNSER DESIGNER!
- ✓ SIE BESTIMMEN FORM UND PREIS!
- ✓ GEÖFFNET RUND UM DIE UHR!
- ✓ SONNTAG IST KEIN RUHETAG!
- ✓ WIR SCHLAGEN UNS FÜR SIE DIE NACHT UM DIE OHREN!
- ✓ ZAHLEN SIE DOCH WAS SIE WOLLEN

Power Headlines passen immer:

- ✓ SIE KRIEGEN WAS!
- ✓ ALLES EGAL
- ✓ AB HEUTE DIE HÄLFTE
- ✓ ALLES MUSS RAUS
- ✓ ALLES KANN REIN
- ✓ NIMM WAS DU KRIEGEN KANNST
- ✓ ES IST VORBEI
- ✓ JETZT GEHT'S LOS
- ✓ AKTIONSTAGE GEHEN SCHNELL VORBEI

SCHREIBEN SIE WAS SIE BIETEN – BASTA!

Bevor Sie viel Zeit mit der „Erfindung" einer kreativen Headline vertun, sollten Sie sich einfach überlegen, welches Produkt Sie anbieten und genau diese Produktbezeichnung oder die Bezeichnung der Produktgruppe als Headline verwenden.

Warum?
Nun, da wir bereits gehört haben, dass der Mensch immer auf der Suche nach einer Problemlösung für seine ureigensten und persönlichsten Probleme ist, sucht er natürlich auch nach den Themengebieten, die ihm ein spezielles Anliegen sind. Mir als notorischem Zahnarztfeigling fällt immer wieder auf (meist einige Tage bevor ich einen Zahnarzttermin wahrnehme), dass sich die Meldungen, Zeitungsartikel und TV-Berichte mit dem Thema „Zahn und Zahnarzt" auffallend häufen. Und als Soldat der Reserve im österreichischen Bundesheer fallen mir ebenfalls immer einige Wochen vor meiner Einberufung zu einer Reserveübung extrem viele Soldaten in Uniform auf.

Gespenstisch? Nein! Logisch! Es sind ganz einfach jene Themen, die mich zu der jeweiligen Zeit „beschäftigen". Ich bin auf Problemlösung eingestellt – meine Sensoren sind auf „Empfang" geschaltet.

MEIDEN SIE SUPERLATIVE WIE DIE PEST

Im Gegensatz zum U.S.P., wo Sie wirklich versuchen sollten, auf einem Gebiet oder auch nur einem Teilgebiet die Alleinstellung zu erreichen und die Konkurrenz zu übertrumpfen, sind Superlative immer nur eines: PEINLICH!

In Wahrheit glaubt Ihnen ja doch kein Mensch.

EINFACHHEIT UND KLARHEIT IN IHREN TEXTEN

Nichts darf dem Interessenten die Lust am Lesen unseres Textes verderben. Also schreiben Sie logisch und klar und vermeiden Sie hochtrabende philosophische Abhandlungen.

Denken Sie an I.I.A.

KEINE ANGST VOR TEXT

Flugblätter sind <u>kleine</u> Werbemittel, daher ruhig mehr Text verwenden – aber folgerichtig und übersichtlich sollte er sein.

Machen Sie es ANDERS ALS DIE ANDEREN!

Versuchen Sie aufzufallen – egal wie!

Zeigen Sie Mut und auffällige Bilder, schreiben Sie provokante Headlines und geben Sie Ihrem Flyer Profil. Nehmen Sie sich ruhig einige der Clubbing-Flyer als Vorbild. Obwohl deren verwirrende Farben und Schriftenauswahl manchmal sehr gewöhnungsbedürftig ist.

Wie wäre es mit einem mehrfach und unregelmäßig gelochten Flyer – mit der Headline: UNSERE PREISE SIND LÖCHRIG!

Oder haben Sie einen Käseladen – dann ein gelbes Blatt mit diesen Löchern und eine Liste mit Ihren besten Käseleckereien (bitte die verschiedenen Käse nicht nur nennen, sondern auch deren Geruch und Geschmack beschreiben) und fertig ist Ihr auffälliger Flyer. Der wird mit Sicherheit näher begutachtet – egal ob man ihn persönlich überreicht bekommt oder im Postkasten vorfindet.

Tipp: Wie wäre es mit einem Überformat? Gestalten Sie Ihren Flyer als A3 oder sogar als A2 Plakat. Die komplette Titelseite ist als „aufregendes" Plakat gestaltet, mit einem tollen Foto – oder als „Schaubild" Ihrer Produkte (denken Sie dabei an die bekannten Plakate mit allen Nudelformen oder mit allen essbaren Fischen) oder machen Sie doch ein Plakat mit den typischen „Bauchformen der Deutschen und Österreicher". Ideal, wenn Sie ein Fitnessstudio betreiben, oder wenn Sie ein Diätprogramm anbieten. Ich bin gerade dabei für ein Dessousgeschäft ein Schauplakat zu gestalten, das die unterschiedlichsten „Brustformen bei Frauen" zeigen soll. Dazu natürlich dann die Tipps, wie man diese mehr oder weniger üppige Weiblichkeit in BH's verpackt. Glauben Sie mir – dieser Flyer wird angesehen werden. Jedoch nur, wenn er auch im Postkasten zur Geltung kommt.

Warum Flyer immer einfach nur falten – warum nicht auch mal „rollen"? Sie wollen weitere Ideen, um im Postkasten nicht unterzugehen? Nun, machen Sie für Ihre Kunden doch mal einen „HALBJAHRESKALENDER". Warum diese Idee? Weil ich diese Zeilen gerade im Juni schreibe und wir daher noch genau 6 Monate bis Jahresende haben. Warum also nicht diesen Monat nützen, um seine Kunden mit einem Halbjahreskalender zu beglücken? Auf der Vorderseite sind die wichtigsten Feiertage eingetragen, aber z.B.: auch Ihre Aktionswochen, Ihre Spezialitätenwochen, etc.

Handverteilung oder Postwurf?

Wo erreiche ich meine Zielgruppe am besten? Wie bei jedem Werbemittel muss das die erste Überlegung sein. Hier etwas Gehirnschmalz einzusetzen bringt Ihnen höhere Erfolge beim Rücklauf dieser Flyer.

Danach überlegen Sie, ob Sie den Flyer persönlich verteilen wollen (oder mit Mitarbeitern), z.B. bei Veranstaltungen, bei Märken oder Messen etc., oder ob Sie eine Prospektverteilagentur hinzuziehen wollen. Diese Überlegung entscheidet über die Höhe der Auflage.

Wenn Sie eine Verteilagentur beauftragen, dann brauchen Sie eine höhere Auflage. Die flächendeckende Verteilung – egal ob lokal, überregional oder sogar national – ist gewährleistet. Und egal ob 10.000 oder 500.000 Flyer – die Verteilung ist in zwei oder drei Tagen auf alle Fälle erledigt.

Im Gegensatz dazu die Handverteilung, die pro Person nur die Verteilung von wenigen Dutzend oder wenigen Hundert Flyern pro Tag möglich macht. Ideal ist diese Art der Werbung bei kleinen Events oder Ausverkäufen – um zusätzlich und sehr schnell Frequenz in den Laden zu bekommen. Denken Sie an die Discotheken in Italien oder auf Mallorca, wo junge hübsche Mädchen direkt am Strand die Flyer für die jeweilige Disco am Vormittag und Nachmittag verteilen und dabei sogar auf eine Veranstaltung, die noch am selben Abend stattfindet, aufmerksam machen können – und durch diese massive Flyer-Werbung die Läden auch tatsächlich immer wieder voll bekommen. Und was man in Mallorca kann, das können Sie doch schon längst – oder?

Einige Tipps für ideale Orte zur Flyerverteilung per Hand:

- ✓ genau vor Ihrem Geschäft.
- ✓ in der Fußgängerzone
- ✓ vor oder in großen Einkaufscentern
- ✓ vor Schulen (achten Sie auf etwaigen Werbeverbote)
- ✓ bei Events oder Stadtfesten
- ✓ auf Messen
- ✓ auf Märkten
- ✓ vor Sportstadien
- ✓ auf stark frequentierten Plätzen
- ✓ bei U-Bahn Eingängen
- ✓ vor Bahnhöfen (in den Bahnhöfen müssen Sie zahlen)
- ✓ bei Bushaltestellen oder Busbahnhöfen
- ✓ auf Parkplätzen (auch Flyer hinter Scheibenwischer)
- ✓ vor Arbeitsämtern
- ✓ vor großen Büro- bzw. Geschäftshäusern

... und natürlich 24 Stunden durchgehend, wenn Sie Ihre Flyer in einem Prospekthalter auf Ihrer eigenen Geschäftsfront platzieren. (Sie werden erstaunt sein, wie viele Flyer alleine dadurch pro Monat unter die Leute kommen.)

IHRE FLYERVERTEILUNG WIRD ZUR AKTION

Wie Sie nicht nur Ihre Flyer verteilen, sondern gleichzeitig auch noch für enorme Aufmerksamkeit sorgen können, möchte ich Ihnen hier erklären.

Die Idee: Nutzen Sie Rotphasen bei Ampeln und spannen Sie (mithilfe von 2 Mitarbeitern) ein großes Transparent über die Straße. Stoppen Sie den Verkehr und verteilen Sie Ihre Flyer und nach Möglichkeit Kostproben oder kleine Geschenke an Verkehrsampeln. Achtung: Fragen Sie vorher das Ordnungsamt oder die Gemeinde! Oder riskieren Sie einfach eine Strafe – je nach nachdem, welcher Typ Sie sind. (Aber sagen Sie bitte nicht, Sie hätten diesen Tipp vom Werbetherapeuten ;-)
Für Aufsehen ist damit auf jeden Fall gesorgt. Bedenken Sie aber, dass Autofahrer rasch genervt sind – also nicht einfach Flyer – sondern nützliche Geschenke oder Erfrischungen. (Ideal daher für Metzger, Bäcker, Restaurants, …)

IHRE FLYERVERTEILUNG WIRD ZUM EVENT

Natürlich lässt sich diese Idee auch auf Plätzen oder in Fußgängerzonen umsetzen. Wie wäre es, wenn Sie (natürlich abhängig vom jeweiligen Produkt) einfach junge hübsche Mädchen durch die Lokale Ihrer Stadt ziehen lassen, um für Sie zu werben? (Dann sollte es natürlich nicht Ihr Lokal sein, für das in konkurrenzierenden Restaurants, Cafés oder Bars geworben wird – eh klar). Auch hier, nicht einfach Flyer sondern Gutscheine, Kupons oder Ähnliches.

Geschichten aus der Praxis

Ich habe vor Jahren so eine Idee auf die Spitze getrieben, in dem ich in einer Bezirksstadt (ca. 50.000 Einwohner) zur Geschäftseröffnung eines Kunden (ein Küchenstudio) mit einem Kamel und einigen Clowns durch die Innenstadt gegangen bin. Das Kamel hatte die Plakate für die Eröffnung umgehängt und die Clowns haben die Einladungsflyer für die Eröffnungstage verteilt. Was soll ich sagen, die Idee hat funktioniert – die Eröffnung dieses kleinen Küchenstudios war ein großer Erfolg.

SCHNELLTEST FÜR FLYER UND POSTWURF

Aufgeteilt ist der Text in Titelseite, Rückseite und Innenteil.

TITELSEITE:
    a. Verteilen Sie mehrere fremde Prospekte und Flyer auf dem Tisch – Ihr eigener mitten drin. Fällt er nun unter all den anderen optisch auf? Gut – oder weniger gut?
    b. Nun betrachten Sie sich den Text oder die Text-Bild-Aussage. Macht sie neugierig? Versteht man, was der Vorteil ist? Wird überhaupt ein Vorteil kommuniziert?
    c. Passt die Titelseite zum restlichen Inhalt bzw. auch zu Ihrem Unternehmen (Farbe, Styling, etc.)?

RÜCKSEITE:
    a. Jeder Nutzer dreht einen Prospekt um, bevor er sich dem Innenteil zuwendet. Und Untersuchungen zeigen, dass 50% überhaupt nur die Titel- und die Rückseite betrachten.
    b. Ist der Markenname zu sehen?
    c. Gibt es eine nochmalige Bestellaufforderung oder sogar ein Bestellformular?
    d. Nochmaliger Hinweis auf das beste Angebot oder die Dauer der Aktion!
    e. Hinweis auf Internet oder Hotline
    f. Ideal sind auch Fotos von zufriedenen Kunden

INNENTEIL:
    a. Umsatzstärkste Produkte am Beginn
    b. Bei umfangreicheren Prospekten den Prospekt nach Produktgruppen oder nach Kundeninteressen gliedern.
    c. Ist der Prospekt durch Überschriften gegliedert?
    d. Heben Sie wichtige Infos oder Aktionen durch Flash-Grafiken oder Farbe oder andere Details hervor.
    e. Einheitliche und zum Unternehmen passende Gestaltung des gesamten Prospektes.
    f. Zeigen Sie Fotos und Bilder!
    g. Gibt es vielleicht Fotos und Bilder Ihrer Produkte bei der Verwendung?
    h. Erklären Sie Produkte so interessant es geht.

MACHEN SIE DEN SCHNELL-SCHAU-TEST

Damit ist nichts anderes als ein Test gemeint, den Sie vor der eigentlichen Produktion oder Verteilung Ihrer Werbemittel durchführen sollten, um herauszufinden, ob Ihre Werbung es auch mit der „Konkurrenz" aufnehmen kann.

Wie geht das? Sehr einfach.

Überprüfen Sie das Werbemittel in den Punkten:

- auffälliges Format, Umfang, Haptik oder Optik
- auffällige Gestaltung gegenüber den Konkurrenten
- zielgerichtete Gestaltung und Aufteilung
- griffige und auffällige Headline
- interessante und informierender Copytext
- ist das Werbemittel übersichtlich und leicht lesbar
- **sind ein oder mehrere EINDEUTIGE VORTEILE enthalten**
- und vor allem: Stechen wir die Konkurrenten aus und sind wir ANDERS ALS DIE ANDEREN

Wenn mehrere Punkte NICHT zutreffen – dann zurück an den Start und noch mal überarbeiten.

Der Flyer sollte WERTIGKEIT haben

Daher Gutscheine oder Rabattmarken integrieren, damit man sich möglichst schwer damit tut, ihn sofort wegzuwerfen. Also z.B. Golddruck – und auf jeden Fall VORTEILE!

Musterbeispiel Flyer

Die folgenden grundsätzlichen Elemente sollte Ihr Flyer enthalten:

Grundsätzliche Elemente eines Flyer

EINSEITIG

HEADLINE
WENN MÖGLICH MIT VORTEIL

BLICK-FANG!

Hier könnte die Erklärung für das Angebot oder Ihr Produkt stehen. Je nachdem - mit oder ohne Preis! Versuchen Sie es so interessant und außergewöhnlich als möglich (und nötig) darzustellen!

LOGO
Adresse - Homepage
Hinweis auf GRATIS-DOWNLOAD

Hier sollten klein, aber deutlich, die Ausschließungskriterien vermerkt werden. Also: Aktion bis zum xx oder Aktion so lange der Vorrat reicht, etc.

Versuchen Sie mit den abgegebenen und ausgefüllten Kupons auch an die e-mail Adressen Ihrer Kunden zu kommen!

Kupon
oder
Gutschein
oder
Antwortkarte

Grundsätzliche Elemente eines Flyer
ZWEISEITIG

RÜCKSEITE

Kleinere Headline - weitere Vorteile und Aufforderung zum Handeln!!!!

(Schneiden Sie die Kupons aus und kommen Sie damit in unser Geschäft!)

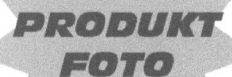

Hier könnte die Erklärung für das Angebot oder Ihr Produkt stehen. Je nachdem - mit oder ohne Preis! Versuchen Sie es so interessant und außergewöhnlich als möglich (und nötig) darzustellen!

STATT: 29,90

9,90

LOGO
Adresse - Homepage
Hinweis auf GRATIS-DOWNLOAD

Hier könnte die Erklärung für das Angebot oder Ihr Produkt stehen. Je nachdem - mit oder ohne Preis! Versuchen Sie es so interessant und außergewöhnlich als möglich (und nötig) darzustellen!

PRODUKT FOTO

STATT: 9,90

5,90

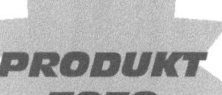

Hier könnte die Erklärung für das Angebot oder Ihr Produkt stehen. Je nachdem - mit oder ohne Preis! Versuchen Sie es so interessant und außergewöhnlich als möglich (und nötig) darzustellen!

STATT: 29,90

9,90

LOGO
Adresse - Homepage
Hinweis auf GRATIS-DOWNLOAD

Hier sollten klein, aber deutlich, die Ausschließungskriterien vermerkt werden.
Also: Aktion bis zum xx oder Aktion so lange der Vorrat reicht, etc.

DIE
7 TODSÜNDEN
BEI WERBUNG MIT
FLUGBLATT
POSTWURF
FLYER

Die 7 Todsünden

TODSÜNDE 1:

MEINE WERBESENDUNG IST FÜR DEN LESER SUPERWICHTIG!

Falsch!
Machen Sie sich bitte keine falschen Illusionen. Werbesendungen zählen für den Empfänger zu den „unwichtigsten" Stücken im Postkasten. Seien Sie doch ehrlich. Was nehmen Sie als erstes genauer unter die Lupe, wenn Sie Ihren Postkasten leeren? Ganz klar, einen persönlich adressierten Brief (vielleicht sogar handgeschriebenen), Rechnungen von bekannten Firmen, Postkarten, abonnierte Zeitungen und Zeitschriften …

Und dann kommen:
- Kataloge und dickere Prospekte und Broschüren
- unbekannte aber an Sie persönlich adressierte Briefe
- Werbepost (unadressiert aber in einem Kuvert)
- Ungewöhnliche Flyer (ungewöhnliche Formate oder Farben oder auch haptisch interessante Materialien)
- und erst dann – ganz zum Schluss kommen unsere
- Flyer

Na also, man muss schließlich Klartext reden und die Kirche im Dorf lassen!

Daher sollten Sie bei der Konzeption Ihrer Werbeaussendung versuchen, die Aufmerksamkeit des Empfängers schon beim ersten Griff in den Postkasten auf Ihre und nur Ihre Aussendung zu lenken. Mit allen Mitteln.

Hier die Reihung der Poststücke in einem Postkasten nach ihrer Wichtigkeit für den Empfänger:

Sie können es drehen und wenden wie Sie wollen. Werbung und damit Werbeflyer und Postwurfsendungen zählen zum Unwichtigsten für jeden Leser. Und ich gehe sogar noch einen Schritt weiter. Werbeflyer sind für viele Menschen eine wahre Pest und eine tägliche Belästigung.

Aber nur bis zu dem Moment, wo diese Menschen ein Schriftstück, einen Werbeflyer oder einen Werbebrief in Händen halten, der scheinbar speziell und nur für sie eine Problemlösung und einen Vorteil bereithält. Ab diesem Moment wird alles anders. Das vorher unwichtige Stück Papier bekommt Wertigkeit – es wird so wertvoll, das es von vielen sogar „archiviert" wird, um bei Bedarf wieder ans Tageslicht zu gelangen. Und zwar dann, wenn eine größere Kaufentscheidung ansteht und die unterschiedlichsten Angebote einer zweiten Begutachtung unterzogen werden.

Und genau so funktioniert Werbung – IMMER!

APROPOS:

Auf meiner Homepage www.werbetherapeut.com
habe ich für Sie in einige interessante und kreative Flyerbeispiele
zusammengestellt. Sie finden das folgende und viele andere Beispiele
hier:

http://www.werbetherapeut.com/index.php/flyer-beispiele

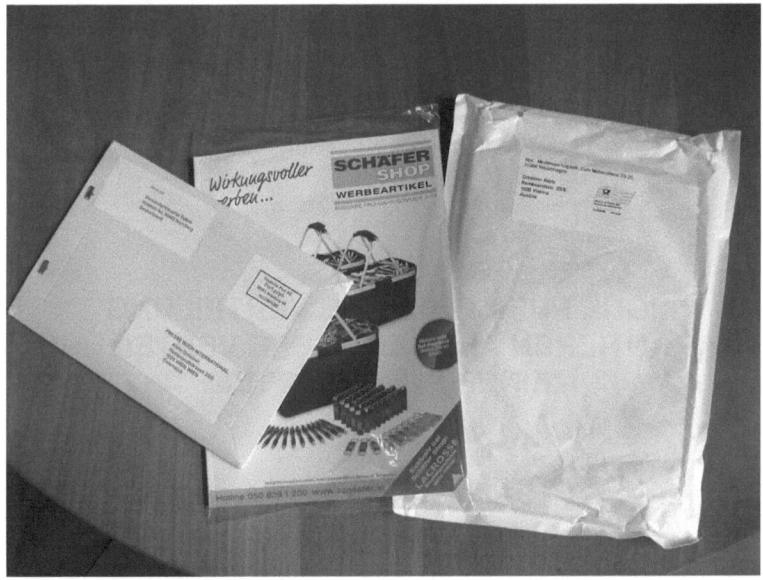

Ein normaler Flyer geht oft unter. Ein dickeres Kartonkuvert – ein
Luftpolsterumschlag oder ein Katalog sind dagegen ein sofortiger Hingucker
im Postkasten. Egal wie viele andere Flyer an diesem Tag geliefert wurden.
Jetzt muss nur noch DER VORTEIL für den Konsumenten stimmen!

TODSÜNDE 2:

IMAGE IST IMMER DAS WICHTIGSTE!

Falsch!
Mit dem Wort Image ist in der Werbung in den letzten Jahren eine Unmenge Geld vernichtet worden. Weil viele Werbetreibende denken, sie müssen möglichst teure Models von möglichst teuren Fotografen fotografieren lassen und dann auf teures Papier drucken, um den Kunden zum Kauf zu bewegen.

MACHEN SIE ES RICHTIG!
Der Kunde ist NICHT in erster Linie an Ihrer „schönen Werbung" interessiert – sondern an Ihren „tollen Angeboten". Investieren Sie daher NICHT in Hochglanzdruck – sondern in möglichst gute und attraktive Angebote. Denken Sie an ALDI – die Werbeflyer sind nie schön – aber die Angebote sind nach wenigen Tagen ausverkauft!

TODSÜNDE 3:

HOHE PREISE FÜR DIE VERTEILUNG GARANTIEREN AUCH BESSERE VERTEILUNG MEINER FLUGBLÄTTER!

Falsch!
Ein Flugblatt wird verteilt – oder es wird nicht verteilt.
Da gibt es kein gut oder schlecht. Und die Verteilbezirke werden ohnehin von Ihnen ausgewählt bzw. mit Unterstützung des Verteilunternehmens.

Nehmen wir die „schwarzen Schafe" der Branche mal aus dem Kalkül, dann haben Sie bei jedem seriösen Prospektverteilunternehmen die ABSOLUT GLEICHE LEISTUNG!

Ein Merksatz in der Werbung lautet: WERBUNG IST MASSE!

Wenn Sie also für den gleichen Preis EINIGE TAUSEND Stück Flugblätter **mehr** verteilen können, dann bedeutet das einfach einen höheren Rücklauf und damit höheren Erfolg Ihrer Werbeaktion.

Da lohnt es sich einmal näher auf die Kosten zu sehen.

TODSÜNDE 4:

ANTWORTKARTEN, KUPONS ODER GUTSCHEINE SIND IN ZEITEN VON INTERNET UNWICHTIG!

Falsch!
In Amerika sind Kupons in Anzeigen oder auf Flyern schon seit langem der Renner. Nur bei uns wird damit noch gegeizt. Warum eigentlich? Wo doch nachgewiesen ist, dass Antwortkarten, Gutscheine und Kupons einen bedeutend höheren Rücklauf und damit Werberfolg bringen.

Und bitte lassen Sie sich nicht einreden, dass man keine Antwortkarte oder keinen Kupon braucht, weil die Kunden ohnehin wissen, wohin sie gehen müssen und was sie zu tun haben.

Oder gar – keine Antwortkarte integrieren, weil die Interessenten in ohnehin „anrufen" könnten.

Denn genau das tun die Interessenten ja meist nicht. Warum? Weil psychologisch gesehen der Schritt, jemanden per Telefon anzurufen, bedeutend größer ist, als eine Antwortkarte zurückzusenden. Kurz gesagt: Machen Sie es Ihrem Interessenten so leicht als möglich KUNDE zu werden.

Auch hier gilt: Je besser die Angebote auf den Kupons, desto größer der Erfolg Ihrer Werbung.

Beispiele:

Sie müssen nicht immer hohe Prozente als Vergünstigung geben. Wichtig ist nur, dass die Vergünstigung für den Konsumenten GROSS WIRKT!

Daher: Geben Sie nur an einem einzigen Tag jedem Kunden -50%. Natürlich suchen Sie sich dazu einen „schlechten" Tag aus. Wenn Sie diese 50% auf den Umsatz der ganzen Woche umlegen, dann ist die Vergünstigung eigentlich nur gering.

Oder: Geben Sie -30% nur an einem Tag und an diesem Tag nur für Frauen!! Etablieren Sie also den Frauentag oder sogar nur die Frauen-Happy-Hour.

Oder: 2 kaufen – ein Stück GRATIS! Eigentlich ein klassischer 50% Abverkauf, aber natürlich wird hier nur das „günstigere" Stück GRATIS verrechnet. Daher reduziert sich der Rabatt ganz enorm.

Oder: Sie müssen gar keine Prozente geben, wenn Sie sonst Vorteile anbieten. Wie wäre es mit GRATIS Lieferung – GRATIS Planung – GRATIS Ausmessen – GRATIS Wegzeit.

TODSÜNDE 5:

GRATIS UND BILLIG
SCHREIBT MAN NICHT – MACHT MAN NICHT!

Falsch!
Wie Sie bei Todsünde 4 gelesen haben, sind Gutscheine, Kupons, etc. enorm erfolgreich. Natürlich trifft das auch auf Angebote zu, die GRATIS oder ganz einfach nur BILLIG sind. Daher sollte man diese WERBEZAUBERWORTE auch immer, oft und möglichst groß in seinem Flugblatt schreiben.

Und schon höre ich viele meiner Leser laut aufheulen. „Aber Billig darf man doch nicht sagen – billig ist ein negativer Begriff!"

Und wieder: **Falsch!**

Fast jedes Werbefachbuch der letzten 50 Jahre hat die Wörter BILLIG und GRATIS auf der Abschussliste. Dabei leben wir aktuell in der größten Schnäppchengesellschaft seit Menschengedenken. Jeder will das günstigste Angebot. Und das trifft auch auf Top-Verdiener zu.

Mein Erlebnis: Ich lebe in Wien und dort gibt es ein großes Peek & Cloppenburg Kaufhaus. Ich habe es mir zur Gewohnheit gemacht, immer wenn ich geschäftlich in der Nähe zu tun habe, einmal kurz durch das Kaufhaus zu streifen – JA NATÜRLICH – auf der Suche nach Schnäppchen. Und vor einigen Jahren war ich auch wieder dort und ging auf direktem Wege auf den Shop vom Nobelausstatter POLO RALPH LAUREN zu. Groß zu sehen waren die Schilder mit AUSVERKAUF und REDUZIERTE WARE! Etwas komisch kamen mir die etwas aufgekratzt wirkenden und kichernden Verkäuferinnen vor – aber ich beachtete sie nicht weiter. Ich krame dort also in den Polos und Hosen, als neben mir ein sehr schlanker Herr ebenfalls sehr interessiert in den Pullis zu wühlen beginnt. Ich war erstaunt, es war kein Geringerer als UDO JÜRGENS. Jetzt gehe ich davon aus, dass es ein Herr Jürgens nicht wirklich nötig hat, im Ausverkauf zu kaufen. Aber er tut es. Warum auch nicht! Er spart dabei ja immerhin sein eigenes hart verdientes Geld. Der Unterschied zu Wenigverdienern ist dann meist nur die Menge an Kleidung, die solche Personen erstehen. Und auch dieser Topverdiener verließ zufrieden mit 3 Hosen und 2 Pullovern die Abteilung.

Was lernen wir daraus? Wir leben in einem Schnäppchenzeitalter. Wenn ich etwas billiger bekomme – bin ich als Konsument zufrieden und glücklich. Bis zum nächsten Schnäppchen.

WERBEZAUBERWORTE:

NEU – NEUERÖFFNUNG – GÜNSTIG – GRATIS –
UNVERBINDLICH – EINFACH – SCHNELL – SICHER – BEWÄHRT – etc.

TODSÜNDE 6:

EINE AUSSENDUNG
PRO SAISON REICHT VOLLKOMMEN AUS!

Falsch!
Eine der gefährlichsten Aussagen in diesem Zusammenhang lautet: „Wenn ich monatlich eine Flugblattverteilung mache, dann fühlt sich der Empfänger gestört!"

Auch **Falsch!**
Denn der Empfänger fühlt sich nur dann von Werbung gestört, wenn diese Werbung ohne MEHRWERT und ohne VORTEIL für ihn ist. Und da Werbung teilweise auch nach dem Prinzip „steter Tropfen höhlt den Stein" funktioniert, kann ich Ihnen nur raten:

VERTEILEN SIE ÖFTER ALS BISHER!

Wenn das Budget für große Verteilaktionen nicht reicht, dann verkleinern Sie das Gebiet einfach – oder verteilen Sie immer wieder in anderen Bezirken oder Stadtgebieten.

Das ist einer der Hauptvorteile von Hausverteilungen – Sie können Ihren Werbeaufwand selbst steuern. Eine Anzeige kostet immer gleich viel – und Sie können die Anzeige nur verkleinern, um günstiger davon zu kommen. Ein Flugblatt ist aber immer in der gleichen Größe! Sie steuern den Preis mit den Auflagen.

Versuchen sie es doch selbst einmal:
Integrieren Sie in Ihrem nächsten Flugblatt ein wirklich superüberdrübertolles Angebot. Eines, bei dem jeder „wooooowww" rufen würde. Sie werden sehen – die Menschen werden kaufen. Verteilen Sie nur an einige Hundert oder Tausend Haushalte und warten Sie auf das Ergebnis. Wenn Ihr Angebot wirklich toll war – dann wird der Erfolg nicht ausbleiben – GARANTIERT!

Das war immer schon so – und auch heute im Schnäppchenzeitalter ist es nicht anders.

TODSÜNDE 7:

FLUGBLATTWERBUNG FUNKTIONIERT ERST NACH MEHREREN AUSSENDUNGEN!

Falsch!
Flugblatt, Flyer und Postwurf sind BLITZWERBEMITTEL.
Das bedeutet, wenn Sie das Flugblatt oder den Flyer gut gestalten, dann sollten Sie mit der ersten Aussendung auch Erfolg haben. Wenn das nicht passiert, dann haben Sie etwas falsch gemacht, oder das Angebot war nicht interessant genug. Und wenn der Vorteil für den Konsumenten NICHT verständlich ist, dann werden Sie auch nach 10 Aussendungen keinen Erfolg haben.

Achten Sie daher auf den Inhalt Ihres Flugblattes.

Der Erfolg einer Aussendung richtet sich nach folgenden Kriterien:

- ✓ DAS ANGEBOT (je aktueller, interessanter, ungewöhnlicher – desto erfolgreicher)
- ✓ DIE ZIELGRUPPE (an wen will ich meine Produkte verkaufen?)
- ✓ DIE AUFLAGE (1000 Flugblätter sind besser als 100)
- ✓ DAS VERTEILGEBIET (ob Flyer oder Postwurf – die richtige Auswahl ist wichtig)
- ✓ DIE GESTALTUNG – DIE AUSSAGE (Richtiger Aufbau – hohe Auffälligkeit)
- ✓ RECALL ELEMENTE (Sagen Sie Ihrem Kunden was er tun muss. Gutschein, Antwortkarte, Kupon, etc.) ins Flugblatt einbauen.

Sie sehen, welch wichtigen Stellenwert DAS ANGEBOT in dieser Auflistung hat. Und das ist leider einer der Hauptgründe für das Fehlschlagen von Angebotsfoldern oder Flyern. Die Angebote interessieren niemanden. Aber genau darauf kommt es an. Vertrauen Sie dem Werbetherapeuten und seiner langjährigen Erfahrung.

Wenn das Angebot nicht stimmt, dann kann ich mit der besten Werbung kaum Reaktionen generieren. Ich helfe Ihnen auch gerne dabei, in einem Kreativ-Prozess, versteckte VORTEILE in Ihrem Unternehmen aufzuspüren und zu finden. Und glauben Sie mir – jedes Unternehmen hat KUNDENVORTEILE – man muss nur wissen, wo man suchen muss.

Was also machen wir häufig falsch?

- Zu wenige oder gar keine Vorteile!!!!
- Zu schwache Vorteile – die niemanden hinter dem Ofen hervorholen.
- Zu verwirrende Gestaltung
- Schlechte Textierung und schlechte Erklärungen
- Keine Recall-Elemente (Antwortkarte – Kupon – Gutschein)
- Zu langfristige Verteilung vor einem Event.
  2 Monate vor einem Event sind sehr lang.
  1 Monat vor einem Event ist zu lang.
  2 Wochen vor einem Event die erste Aussendung OK.
  1 Woche vor dem Event ist richtig geplant.
- Zu „geringe" Verteilmenge.
  100 Flyer sind zu wenig (außer Sie verteilen persönlich)
  1.000 Flyer sind wenig. (außer Sie verteilen persönlich)
  10.000 Flyer sind OK.
  50.000 Flyer sind der richtige Weg.
  100.000 Flyer sind professionell.
  500.000 Flyer sind der Weg zu absoluten Sieg.

Die wichtigsten Punkte der LOW-BUDGET Flugblattgestaltung

1. Denken Sie immer daran – der Kunde muss „reagieren"!

Daher sollte in Postwurf/Flugblatt auch eine Antwortkarte eingeplant sein. Sie wollen schließlich nicht nur Kunden, sondern auch Interessenten. Die bekommen Sie mit dem Zusatz: „Informieren Sie sich UNVERBINDLICH."

2. Die magischen Worte

Auch in diesen Werbemitteln sind es äußerst wichtige Worte:
NEU, NEUERÖFFNUNG,
GRATIS, GARANTIERT, VORTEIL, UNVERBINDLICH ...

Achten Sie aber bei GRATIS-Zugaben auf die jeweiligen Wettbewerbs-richtlinien.

3. Werberaum nicht ungenutzt lassen!

Keine Angst vor viel Text!

Je kleiner das Werbemittel desto mehr Text kann untergebracht werden, ohne an Werbewirkung zu verlieren. Kostbarer Werberaum wird so optimal genutzt und nicht verschwendet.

Erklären Sie Ihr Angebot und informieren Sie Ihre Kunden über „alle" Vorteile. Wenn jemand etwas kaufen soll und will, dann möchte er es ganz genau wissen.

4. Auch in Postwurf / Flugblatt ist die auffällige Headline wichtig!

Planen Sie eine gute halbe Seite für den Eyecatcher bzw. die Erregung der Aufmerksamkeit ein, entweder grafisch oder auch durch eine auffällige Headline.

Ihre Beilage / Postwurf / Flugblatt muss ein grafisches Zentrum haben.

Informieren Sie sich auch hier vorher, wie in Ihrem Wunschmedium (in diesem Fall mit Beilagen) geworben wird. Werben Sie natürlich: ANDERS ALS DIE ANDEREN!

Als Beilage/Postwurf/Flugblatt bieten sich idealer Weise an:
- eine Hauszeitung
- ein Werbebrief
- eine Werbeantwortkarte
- ein Imageprospekt
- ein Produkt- bzw. Angebotsprospekt

5. Bei Postwurf / Flugblatt ist das Gewicht wichtig!

Beilagen, Postwurf, Flugblatt werden nach Gewicht verrechnet. Also achten Sie darauf, dass die jeweiligen Gewichtsgrenzen nicht überschritten werden. Ihre Druckerei kann Ihnen in diesem Fall sicher beratend zur Seite stehen. Je nach Größe, Seitenzahl und Papierart berechnet er das Gesamtgewicht Ihres Druckwerkes.

Warenproben sind sehr beliebt – hier ist das Gewicht der Probe meist bedeutend höher als jedes Flugblatt, aber der erzielte Aufmerksamkeits- und Test-Effekt bei Konsumenten entschädigt meist für die höheren Kosten.

6. Der richtige Zeitpunkt für Postwurf oder Flyer

Flugblätter und Postwurfaktionen sind KURZFRISTIG einsetzbar und haben auch beim Empfänger hohe Aktualität. Vermeiden Sie daher zu lange vor einer Aktion schon Flugblätter zu verteilen.

Flyer sind kurzfristig einsatzbereit und wirken auch auf den Empfänger NOCH aktueller und drängender. Wenn man einen Flyer in die Hand gedrückt bekommt, weiß man, das JETZT etwas passiert. Dass man JETZT irgendwo hingehen soll (z.B.: Mittagsmenü, Disco, Ausverkauf, Event, etc.)

Beispiel:
Bei einer Geschäftseröffnung oder bei einem Ausverkauf wäre die Verteilung per Postwurf höchstens 1 Woche vor der Eröffnung ideal. Wenn noch Budget übrig ist, dann machen Sie noch eine Postwurfsendung 1 Tag vor der Eröffnung – oder lassen Sie einen Flyer an stark frequentierten Stellen von einigen Personen verteilen.

7. Seien Sie ruhig „werblich"

Eine Beilage / Postwurf / Flugblatt hat die gleichen Probleme wie eine Anzeige. Sie muss auffallen und sich von der Konkurrenz abheben.

Postwurf / Flugblatt sind vom Aufbau wie ein Direct-Mailing. Der einzige Unterschied – Sie kennen den Empfänger der Werbebotschaft nicht. Im Mailing wissen Sie vorher, wen Sie anschreiben wollen und können darauf im Text eingehen. Bei Beilage / Postwurf / Flugblatt ist das nicht der Fall. Dennoch müssen Sie wie im Mailing auf eine „Reaktion" hinarbeiten: das JA auf der Antwortkarte, das Rücksenden der Antwortkarte, die Terminvereinbarung per Telefon, das Betreten Ihres Geschäftes oder Lokales. Sagen Sie dem Leser, was Sie von ihm erwarten und „locken" Sie, „werben" Sie um Ihren zukünftigen Kunden.

Viel Raum für Text und Grafik hat einen großen Nachteil: Oft glaubt man, dass man jedes Thema, jeden Vorteil und jede noch so unwichtige Information unterbringen muss. Genau das bedeutet aber den sicheren „Werbetod". Konzentrieren Sie sich auf wenige Vorteile und präsentieren Sie diese in den leuchtendsten Farben. Vergessen Sie nicht die Hauptaussage, und verzetteln Sie sich nicht.

8. Noch mehr Auffälligkeit? Dann „zerschneiden" Sie Ihr schönes Flugblatt!

Wir haben schon gehört, dass auffällige Formate die Aufmerksamkeit im Postkasten erregen. Daher versuchen Sie, Ihr Flugblatt oder Ihr Prospekt möglichst ungewöhnlich zu gestalten.

LOW BUDGET: Machen Sie aus Ihrem Flugblatt ein PUZZLE und stecken Sie die Teile in ein durchsichtiges Kuvert. Schon ist die Aufmerksamkeit erregt und die Beschäftigung mit Ihrer „Werbung" wird intensiv. Aber bitte – für seine Mühe sollte unser Puzzler dann auch etwas bekommen, sonst ist er frustriert. Also Gutscheine oder Vergünstigungen anbieten.

9. Kein einzelnes Flugblatt sondern ein Gutscheinheft!!

Auch hier ist es genaue Selbstbeobachtung. Flugblätter sortiere ich sofort aus (natürlich werfe ich immer einen Blick darauf – VORTEIL – SCHNÄPPCHEN!). Finde ich jedoch ein Gutscheinheft, dann habe ich mir angewöhnt IMMER alle Gutscheine kurz durchzublättern. Natürlich auf der

Suche nach einem konkreten VORTEIL für mich und meine Bedürfnisse.

Wie wäre es also, wenn Sie alleine oder – noch besser – gemeinsam mit einigen anderen Unternehmern ein Gutscheinheft konzipieren würden. Ich garantiere Ihnen schnellen und guten Werbeerfolg.

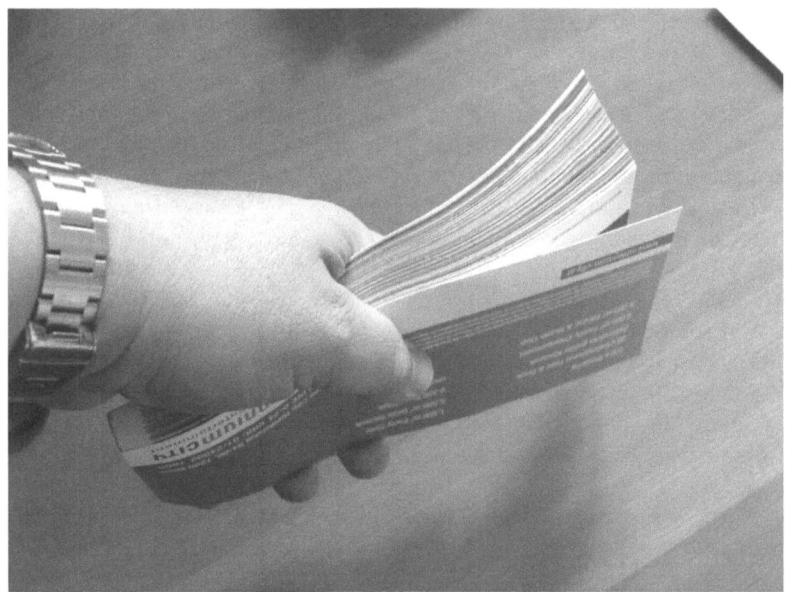

Auch das ist ein Flyer! Einen Kuponkatalog kann man auch selbst oder mit ein oder mehreren Partnern erstellen. Er muss ja nicht gleich soooo dick sein wie dieser Gutschein-Katalog, der in ganz Wien verteilt wurde. Ich selbst habe mir daraus mindestens 10 Gutscheine herausgetrennt und zumindest 3 auch tatsächlich bei den jeweiligen Geschäften eingelöst!

Dieses und weitere Beispiele von interessanten Flyern finden Sie hier:

http://www.werbetherapeut.com/index.php/flyer-beispiele

10. Nutzen Sie die gute alte Antwortkarte als Flugblatt

Antwortkarten sind „Dialogwerbemittel". Dialogwerbung will, wie der Name schon sagt, einen Dialog mit dem „Noch-Nicht-Kunden" aufbauen, um ihn zum Interessenten und vielleicht zum Kunden zu machen.

Antwortkarten als Flyer genutzt, sind in den letzten Jahren wieder sehr in Mode gekommen. Hier ist es wichtig – zu einer Handlung aufzufordern: „Senden Sie uns diese Antwortkarte!" Und eine „Belohnung" in Aussicht zu stellen. Und sei es nur „GRATIS Information".

11. Nutzen Sie Kupons und Gutscheine als Flugblatt

Der Konsument ist IMMER auf der Suche nach seinem Vorteil. Nach einem Schnäppchen. Geben Sie ihm also so ein Schnäppchen. Je besser Ihr Angebot, desto stärker werden Ihre Kunden darauf reagieren. Mit Minus 10% lockt man heute niemand mehr hinter dem Ofen hervor.

Ich hatte einmal eine Einkaufstraße mit 20 Unternehmern als Kunden. Ich habe ein Gutscheinflugblatt vorgeschlagen. Jeder Unternehmer konnte ein Angebot auswählen und das wurde auf einen Gutschein gedruckt. Ein Fleischer bot eine bestimmte Wurstsorte um -50% an und verkaufte innerhalb von 2 Tagen 150 Stück seiner Wurst. Ein Geschäft für Wohndesign hatte eine topaktuelle Gewürzmühle im Angebot und bot zwei Stück zum Preis von einer an – es wurde 200 Mal verkauft. Ein Elektrohändler bot einen Reisefön statt um 19.90 um 15.90 an. Er verkaufte nur 5 Stück. Lassen Sie sich nicht lumpen.

12. Formate eröffnen viele Möglichkeiten

In der Folge finden Sie einen Überblick über die verschiedenen Formate und Möglichkeiten in der Flyer-Gestaltung.

Formate Flyer - Falz:

Singlefolder 1 Falzung	Parallelfalz	Zickzackfalz	Wickelfalz	Schweizerfalz
Altarfalz	Kombifalz 1 Zickzack+Kreuzbruch	Kombifalz 2 Zickzack+Zickzack	Kombifalz 3 Zickzack/2xParallel	
Kreuzbruch 2xKreuzbruch	Landkartenfalz			

Quelle: www.flyerwire.com

Formate Rill- und Stanzprodukte:

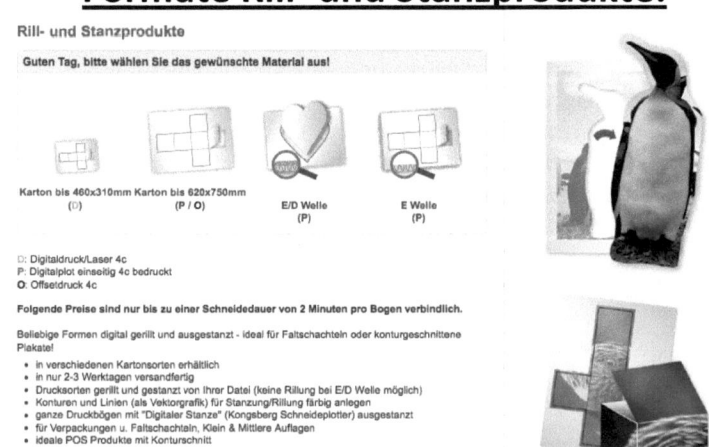

Rill- und Stanzprodukte

Guten Tag, bitte wählen Sie das gewünschte Material aus!

Karton bis 460x310mm Karton bis 620x750mm E/D Welle E Welle
(D)   (P / O)   (P)   (P)

D: Digitaldruck/Laser 4c
P: Digitalplot einseitig 4c bedruckt
O: Offsetdruck 4c

Folgende Preise sind nur bis zu einer Schneidedauer von 2 Minuten pro Bogen verbindlich.

Beliebige Formen digital gerillt und ausgestanzt - ideal für Faltschachteln oder konturgeschnittene Plakate!

- in verschiedenen Kartonsorten erhältlich
- in nur 2-3 Werktagen versandfertig
- Drucksorten gerillt und gestanzt von Ihrer Datei (keine Rillung bei E/D Welle möglich)
- Konturen und Linien (als Vektorgrafik) für Stanzung/Rillung färbig anlegen
- ganze Druckbögen mit "Digitaler Stanze" (Kongsberg Schneideplotter) ausgestanzt
- für Verpackungen u. Faltschachteln, Klein & Mittlere Auflagen
- ideale POS Produkte mit Konturschnitt

Bei verschiedenen Druckverfahren und Materialien bestehen teilweise erhebliche Farbunterschiede, die jedoch im genormten Bereich liegen.
Preise ab Datei und je Vorlage inkl. Profi- Datenüberprüfung und kleiner Korrekturen im Umfang von 10 Minuten.
Bei größeren Korrekturen kontaktieren Sie unsere DruckvorstufentechnikerInnen.

Quelle: www.digitaldruck.at

Die Erfindung des Werbetherapeuten:
DER ROUND-AND-ROUND FLYER

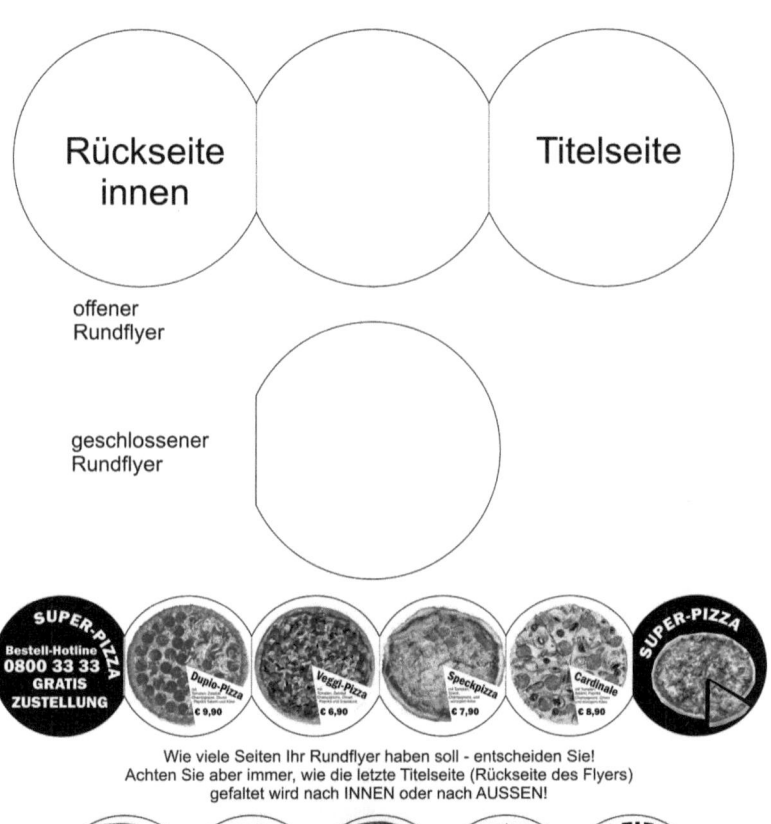

Rückseite innen

Titelseite

offener
Rundflyer

geschlossener
Rundflyer

Wie viele Seiten Ihr Rundflyer haben soll - entscheiden Sie!
Achten Sie aber immer, wie die letzte Titelseite (Rückseite des Flyers)
gefaltet wird nach INNEN oder nach AUSSEN!

Die Möglichkeiten sind unendlich...
...aber immer enorm auffällig

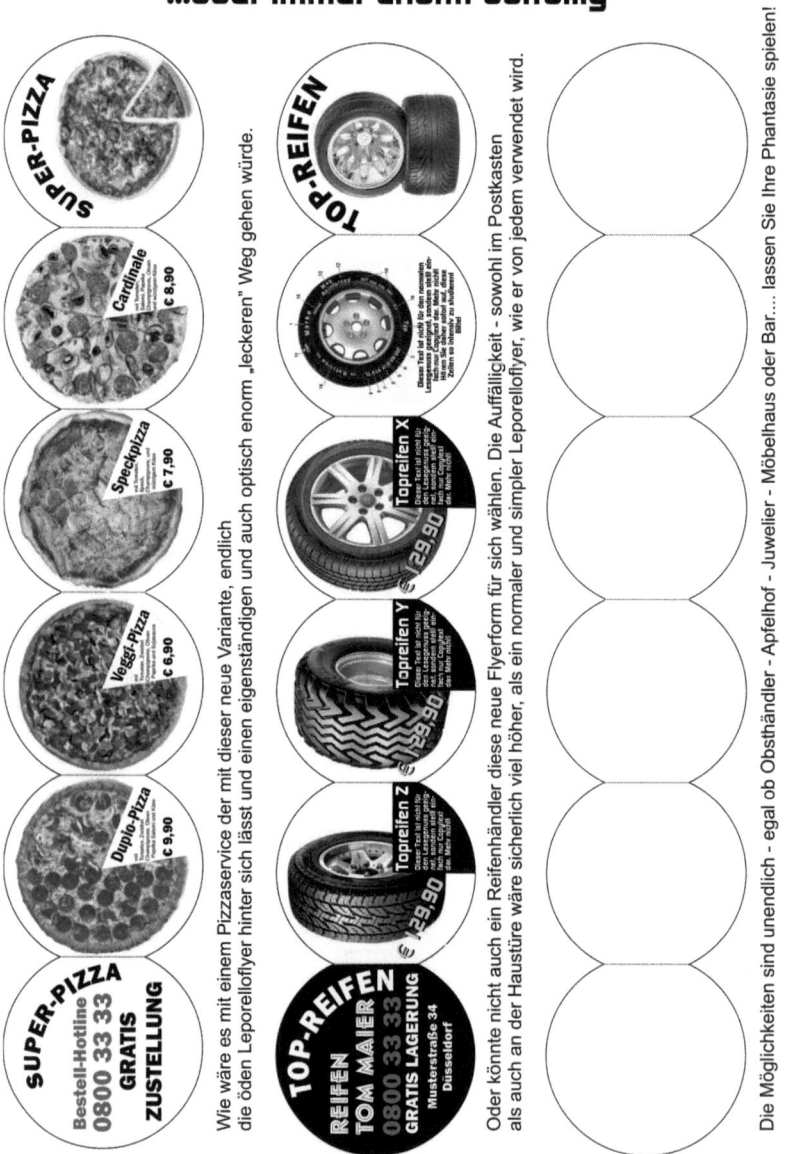

Wie wäre es mit einem Pizzaservice der mit dieser neue Variante, endlich die öden Leporelloflyer hinter sich lässt und einen eigenständigen und auch optisch enorm „leckeren" Weg gehen würde.

Oder könnte nicht auch ein Reifenhändler diese neue Flyerform für sich wählen. Die Auffälligkeit - sowohl im Postkasten als auch an der Haustüre wäre sicherlich viel höher, als ein normaler und simpler Leporelloflyer, wie er von jedem verwendet wird.

Die Möglichkeiten sind unendlich - egal ob Obsthändler - Apfelhof - Juwelier - Möbelhaus oder Bar.... lassen Sie Ihre Phantasie spielen!

Formate Präsentationsmappen:

Denken Sie weiter – ein Flyer kann auch mehr als ein Blatt Papier sein.
Wie wär´s mit einer Mappe:

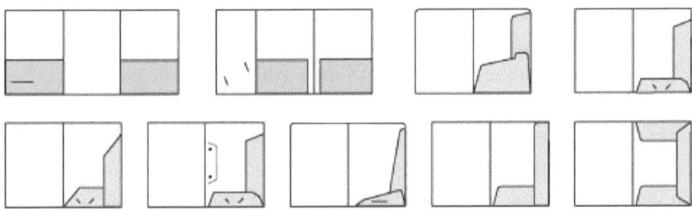

Quelle: www.flyerwire.com

Formate Mediamappen:

Und wie wäre es, wenn in der Mappe sogar eine CD stecken würde?
Ich weiß, das ist nicht ganz billig. Aber wenn Sie ein teureres Produkt
haben, dann können auch die Werbungskosten pro Kunde höher sein. Es
zahlt sich aus!

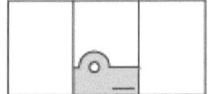  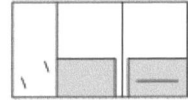

Quelle: www.flyerwire.com

Formate Heftmappen:

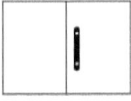 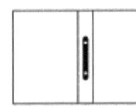  

Quelle: www.flyerwire.com

13. Haben Sie Angst vor kleinen Auflagen!

Meine Erfahrung zeigt: LOW BUDGET WERBUNG ist immer ganz knapp über der „Beachtungsschwelle" angesiedelt. Das bedeutet, dass Unternehmer und Geschäftsinhaber, die nur sehr wenig Budget haben, auch dazu tendieren, nur minimale Auflagen zuzulassen. In der Annahme, dass sie auch mit 1000 verteilten Flyern Erfolg haben müssten. Meine Antwort: Ja es stimmt – aber bei einer realistischen Rücklaufquote von sagen wir 0,2% bis 2% kommt es bei einer Flyeranzahl von 1000 Stück entweder zu 1 – 2 Personen, die sich melden – oder aber zu keiner einzigen Reaktion. Und genau das ist die Gefahr und das große Frustpotential. Denn wenn es zu keiner Reaktion kommt, dann wird meist für lange Zeit auf Werbung gänzlich verzichtet, weil – „das bringt eh nix". Ein fataler Trugschluss!

Das Günstigste in der Flyerverteilung ist meist die Verteilung selbst, denn die kostet nur ca. € 0,04 / Stück. Eine Auflage von 100.000 Stück kostet also nur € 4.000,- das bedeutet aber, dass Sie mit dieser Menge bereits eine mittlere Großstadt beschicken könnten. Eine Kleinstadt mit 100.000 Einwohnern hat selten mehr als 40.000 Haushalte – und die sind für eine Verteilung ja relevant. Und die Beschickung dieser 40.000 Haushalte (wie gesagt, eine ganze Stadt) kostet nur mehr 1.600,-. Und das wiederum bedeutet bei nur 0,5 % Rücklauf ganze 200 (!) Anfragen, Besucher oder Interessenten.

Der Mini-Flyer mit großer Wirkung:
die Visitenkarte

Überlegen Sie: Bei jedem Meeting, bei jedem Besuch, bei jedem neuen Kontakt wird sie als erstes überreicht – die Visitenkarte.

Und wie sieht dieses „Superwerbemittel" dennoch meist aus?

Einfallslos, fade, und vor allem zu wenig werbewirksam.

Dagegen sollten Sie mit aller Kraft vorgehen. Eine Visitenkarte kann mehr sein als nur ein Stück Karton, auf dem Ihr Name und Ihre Telefonnummer stehen.

EINE VISITENKARTE HAT „2" SEITEN

Machen Sie mehr aus Ihrer Visitenkarte! Machen Sie daraus ein eigenes und effektives Werbemittel!

Drehen Sie die Karte einmal um. Was sehen Sie? Nichts?! Und genau dieses „Nichts" könnte in Zukunft Ihre beste und einträglichste Werbe- und Selbstdarstellungsfläche sein. Denken Sie darüber nach, was auf Ihrer „Minibroschüre" alles an Information stehen kann.

2 SEITEN SIND GUT – 4 SEITEN SIND BESSER

Wenn Sie Ihre Karte von vornherein als Aufklappkarte konzipieren, haben Sie vier Seiten zur Verfügung. Und auf 4 Seiten ist einiges mehr an Information möglich als nur Name und Adressdaten. Lassen Sie sich was einfallen. Versuchen Sie gleich auf der Visitenkarte von Ihren Leistungen zu überzeugen – oder weisen Sie auf eine oder mehrere Besonderheiten in Ihrem Unternehmen hin.

Ich habe z.B. die Covers von gleich 3 meiner Bücher abgedruckt und hatte noch genügend Platz für den nun folgenden Infotext. Ich drucke ihn hier in voller Länge ab, um Ihnen zu beweisen, was alles möglich ist auf (m)einer 4seitigen Visitkarte:

WAS IST WERBETHERAPIE?
Werbetherapie ist ein völlig neuer Ansatz in
der Werbeberatung – und speziell geeignet für
Freiberufler, Klein- und Mittelbetriebe.
Hauptaugenmerk wird dabei auf „Blitz-Werbemittel"
gelegt. Also auf jene Werbemittel, die innerhalb
kürzester Zeit Erfolg versprechen und auch bringen.

Das Motto des Werbetherapeuten:
Bessere Werbung in 8 Stunden – mehr Kunden
in 14 Tagen – GARANTIERT!!!

IHRE VORTEILE:
1.) Überprüfung u. Effizienzcheck Ihrer
aktuellen Werbeunterlagen!
2.) Ideenfindung für Werbung und PR
3.) LOW BUDGET – Werbekonzeptentwicklung!
4.) In wenigen Stunden neue
Werbeunterlagen – inkl. Text und Grafik!
5.) Extrem günstig, da nur Stundenpauschale!
6.) Keine Verrechnung von Copyright!
7.) VOR ORT Beratung in Ö, D, CH!

Na, da staunen Sie! Und das alles auf nur einer einzigen Seite meiner Visitkarte! Hier gilt die Regel: Je kleiner das Werbemittel desto mehr Text.

NUR LOGO & NAME IST PLATZVERSCHWENDUNG

Niemand sagt, dass eine Visitenkarten NUR Logo und Adresse präsentieren darf! Was könnte einen Kunden interessieren? Zusatzqualifikationen, Titel, Verbandszugehörigkeiten, Qualitätssiegel, Ehrungen, Spezialgebiete, aber auch Öffnungszeiten, Internet oder Hotline Nummern – all das findet Platz auf einer Visitenkarte und macht daraus ein kleines Prospekt. Achten Sie aber darauf, dass Ihre Visitenkarte nicht „überladen" wirkt (allzu viel ist ungesund).

EINE VISITENKARTE IST WIE EINE KLEINE ANZEIGE ODER EIN KLEINER PROSPEKT!

Nutzen Sie das Potential dieses Werbemittels – lassen Sie es nicht in der Brieftasche versauern. Und wie bei jedem Werbemittel gilt auch hier: Sie muss ins Gesamtbild Ihrer Geschäftspapiere passen. Trotzdem: hohe Auffälligkeit – und hoher NUTZEN für den Kunden! Seien Sie kreativ!

WARUM IMMER NUR PAPIERVISITENKARTEN?

In Zeiten von Kreditkarten können auch Sie mit Plastikkarten arbeiten. Oder auch mit anderen Materialien, der Kreativität sind dabei keine Grenzen gesetzt. Denken Sie aber immer daran, auch eine ungewöhnliche Karte muss zu Ihrem Gesamterscheinungsbild passen. Ein Tischler hat mit einer von mir entworfenen Holzvisitkarte große Erfolge erzielt.

IHRE VISITENKARTE ALS ECHTE KUNDENKARTE

Eine einfache Visitkarte kann auch gleichzeitig Kunden- oder Terminkarte sein. Ein Arzt trägt auf der Rückseite den nächsten Kontrolltermin ein, oder die Uhrzeit und Anzahl der Medikamenteneinnahmen – damit bekommt die Visitkarte einen Zusatznutzen für den Verwender.

VISITENKARTEN SIND BILLIG

Warum also nicht einen Mehrnutzen integrieren?

Präsentieren Sie den „Tipp des Monats", oder das „Angebot des Monats" auf Ihrer Visitenkarte! Ein einfacher Stempel auf der Rückseite würde genügen, z.B. der aktuelle Steuertipp vom Steuerberater, oder ein paar praktische Tipps passend zur Jahreszeit von einem Gärtner.

VISITENKARTE NICHT ZU GROSS GESTALTEN!

Die Visitenkarte sollte in Brieftasche bzw. in normierte Visitenkarten-mappen passen. Ein Überformat ist hier ganz und gar kontraproduktiv und führt unweigerlich dazu, dass die Visitkarte nach kurzer Zeit ausgemustert und weggeworfen wird. Anders als die Anderen ist also auch hier – verkehrt!

VERTEILEN – VERTEILEN – VERTEILEN

Seien Sie nicht sparsam beim Verteilen Ihrer Visitenkarten! Besser einmal zuviel, als einmal zu wenig. Oder wie wäre es überhaupt einmal damit, Ihren Mini-Flyer in der Umgebung Ihres Geschäfts verteilen zu lassen. Wohl gemerkt – ich rede hier von einer Visitkarte mit Zusatznutzen und nicht von einer 08/15 Karte.

WER SIND SIE, WAS TUN SIE?

Der gedruckte Name des Visitenkarten-Überreichers sollte nie ohne Angabe der Funktion bzw. Stellung in der Firma sein. In der heutigen Zeit auch mit Angabe von E-Mail-Adresse und eventuell mit direkter Telefondurchwahl und Handynummer.

IHR FOTO AUF DER VISITENKARTE

Ein Foto macht die Karte noch persönlicher! Und man vergisst nicht nur Ihren Namen nie mehr, sondern auch Ihr Gesicht! Und Ihr Gesprächspartner hat Sie nicht nur mit Namen und Adresse, sondern auch noch mit Foto „immer dabei".

Verwenden Sie aber bitte keine „Passbilder" von sich, sondern ein möglichst professionell gemachtes „Werbefoto", im besten Sinne des Wortes.

DO YOU SPEAK – AUSLÄNDISCH?

In Ihrem Geschäft oder in Ihrem Büro werden mehrere Sprachen gesprochen? Allein dieser Hinweis, könnte Ihnen einen neuen Kunden bringen. Oder wie wäre es überhaupt mit einer Visitkarte in mehreren Sprachen. Gerade im Tourismus- und Exportbereich ist das keine schlechte Idee. Damit habe Sie speziell bei Asiatischen Geschäftskunden sofort einen Bonus auf dem Sympathie-Konto.

IHRE VISITENKARTE ALS BEILAGE IN DER ZEITUNG

Warum nicht, wenn Ihre Visitkarte alle Vorteile Ihres Unternehmens oder ihrer Dienstleistung enthält? Wichtig wäre hier noch ein so genanntes Recall-Element bzw. ein Motivationselement. Also etwas, das Ihre Leser motiviert, zu Ihnen zu kommen, Sie anzurufen, oder auf Ihre Homepage zu gehen. Aber da fällt Ihnen jetzt sicher schon etwas ein. Denken Sie an: Ich gebe dir – du gibst mir!

IHRE VISITENKARTE BEIM ARZT, IM CAFE UND ...

Legen Sie Ihre Visitkarten dort aus, wo viele potentielle Kunden verkehren. Beim Arzt, in einem Kaffeehaus, bei Geschäftspartnern. Aber auch hier der Hinweis: Mit einer „normalen" Visitkarte haben Sie keine Chance – es muss eine VISITKARTEN-MINIBROSCHÜRE sein.

IHRE VISITENKARTE AUF DEM SCHAUFENSTER

Befestigen Sie einen Prospekthalter auf Ihrem Schaufenster und legen Sie ihre Visitkarten hinein – Sie werden staunen, wie viele Karten in kurzer Zeit unter die Leute kommen. Auch nach Geschäftsschluss und am Wochenende.

AUS VISITENKARTE WIRD KUNDENVORTEILSKARTE

Der Kunde will seine Vorteile SCHWARZ AUF WEISS! Machen Sie aus Ihrer Visitenkarte daher eine KUNDEN-VORTEILS-KARTE: Welche Vorteile haben Ihre Gäste und Kunden? Wir haben es schon besprochen, auch selbstverständliche Serviceleistungen, die Sie wenig Mühe und Zeit kosten, sind oft attraktiv für Ihre Kunden. Wo bekommt man heute schon etwas geschenkt? Außerdem: Was Ihnen völlig klar ist, ist für Ihre Kunden durchaus nicht selbstverständlich. Wie heißt ein bekanntes Sprichwort: „Tue Gutes und sprich darüber."

IHRE VORTEILE BEI UNS:

z.B.:
GRATIS-ABO Ihrer Haus- bzw. Kundenzeitung
Gratis-Erst- bzw. Beratungsgespräch
Bevorzugte Terminvereinbarung mit dieser Karte

Einladung zu kulturellen Veranstaltungen

2% Stammkundenrabatt

BEST OF - MINI-FLYER

Ich erlebe es immer wieder – das Scheuklappendenken, wenn es um handfeste VORTEILE für Kunden oder Gäste geht. Was soll, was kann man denn anbieten? Im Folgenden habe ich einige Überschriften auf einen Flyer in Visitkartengröße geschrieben. Diese Flyer bräuchten auf der Rückseite nur noch Ihr Logo und Ihre Adresse und auf der Headlineseite die Einschränkungen oder den Geltungsbereich der Aktion. Also – nur gültig von – bis oder nur in der Happy Hour von – bis – oder nur im Aktionszeitraum, etc.

Das Beste daran – das sind tatsächlich ECHTE Vorteile, die bereits sehr erfolgreich verwendet wurden (oder noch immer werden).

DIE AUFGABE:

Lesen Sie die einzelnen Vorteile auf den nächsten Seiten durch und überlegen Sie sich, ob auch Sie diesen Vorteil oder diesen Flyer nutzen könnten. Entweder 1:1 oder in leichter oder stärkerer Abwandlung. Lassen Sie Ihren Gedanken freien Lauf.
Was könnte Ihre Gäste – Ihre Kunden – Ihre Besucher zum Kauf oder zumindest mal ZUM BESUCH bewegen?

Notieren Sie sich hier die Ideen, Angebote, Produkte und Überlegungen, die Sie in Ihrem Geschäftsbereich anbieten könnten:

....

....

....

....

....

....

....

**ZU JEDEM GETRÄNK
ein Hauptgericht
GRATIS DAZU!**

A

**GRATIS E-BOOK
ALS DOWNLOAD**

E

**Bei jedem Besuch
GRATIS
KAFFEE**

B

**GRATIS
MESSUNG**

F

**Gegen die Sommerhitze
GRATIS EISWASSER
so viel Sie wollen!**

C

GRATIS LIEFERUNG

G

**Freitag ist Pizzatag:
1 PIZZA ZAHLEN
+
1 PIZZA GRATIS**

D

**Montag ist Müttertag:
-50% NUR FÜR FRAUEN
mit Kindern!**
**(auf alle Waren, ausgenommen Angebote
und bereits reduzierte Waren)**

H

Erklärung zu den Miniflyern:

A)
ZU JEDEM GETRÄNK EIN HAUPTGERICHT GRATIS

Ja, dieser Flyer war tatsächlich in Umlauf und hat in Wien für ein Taco-Lokal geworben. Extrem erfolgreich! Ich habe mit dem Besitzer gesprochen. Die Rücklaufquote dieser nur in Visitenkartengröße verteilten Flyer lag bei sagenhaften 90%!!!!!!!!!!!!!!!!!!!!!!!!!!!!

Und wenn Sie glauben, dieser Vorteil hätte das Lokal ruiniert, dann muss ich Sie eines Besseren belehren. Denn Tacos sind relativ günstig herzustellen. Und daher geht sich diese Aktion zumindest auf 0,- aus. Bei minimalen Werbekosten und vielen neuen Kunden!

B)
Bei jedem Besuch - GRATIS KAFFEE
Sie haben das noch nirgends gesehen? Doch, garantiert – und zwar immer wenn Sie eine amerikanische Serie oder einen amerikanischen Film sehen. In Amerika ist GRATIS Kaffee beim Besuch von Bars oder auch Restaurants seit Jahrzehnten üblich. Eine tolle Werbeaussage! Eine Einschränkung des Angebotes gibt es natürlich auch hier. Gratis gibt es nur Kannenkaffee – also Filterkaffee. Der ist extrem günstig machbar (nach Wasser und Tee das günstigste Getränk der Welt). Ausgenommen sind natürlich alle anderen Kaffeesorten die aus der Espressomaschine kommen – wie: Espresso – Melange – Latte Macchiato und was es noch so alles gibt.

C)
GRATIS EISWASSER!
Auch eine Idee für Gastronomen!
Und ebenfalls eine Idee, die es bereits seit Jahrzehnten in Amerika gibt und die ein Ausflugslokal berühmt und reich gemacht hat. Das Lokal wirbt im Umkreis von mehr als 300 km auf großen Plakatwänden mit diesem Vorteil: EISGEKÜHLTES WASSER GRATIS – für jeden Gast! Nur noch 150km!!!
Das Lokal verkauft mittlerweile sogar Souvenirs und T-Shirts und schenkt täglich über 5000 Glas Wasser aus. Wasser als Werbung – günstiger geht's wohl kaum! Sie müssen es nur versuchen und sich getrauen ein klein wenig ANDERS ALS DIE ANDEREN zu sein!

D)
FREITAG IST PIZZATAG – 1 PIZZA + 1 GRATIS!
Ein Klassiker und funktioniert immer noch prächtig!
Rechnen Sie mal nach! Denn es heißt NUR AM FREITAG gibt es die Pizza um
-50%! Und auch das stimmt nicht, denn bei Produktion von 2 Pizzen ist die
Preisreduktion aus Sicht des Pizzabäckers sogar geringer. Und eben nur
einmal in der Woche! Mein Tipp: wenn Sie starke Konkurrenz von anderen
Lokalen haben – dann gehen Sie am Samstag oder Sonntag in die VOLLEN!
Und wenn Sie einfach schwache Tage pushen wollen –dann machen Sie am
Montag oder Dienstag Ihren Pizza – Döner – Salat – Schnitzel-Tag!

E)
GRATIS E-BOOK Download
Eine Idee – für Dienstleister oder Freiberufler. Verschenken Sie Know-how!
Auch ich mache das auf meiner Website und es funktioniert ganz prächtig.
Ein E-Book muss nicht umfangreich sein – es genügen wenige Seiten – oder
sogar nur eine einzige Seite! Oder wie wäre es mit einer Checkliste oder
einem Fragebogen – oder einem Formular – oder einem Online-Rechner.
Gratis funktioniert – auch als E-Book – auch als PDF!

F)
GRATIS MESSUNG
Ideal für Handwerker – oder Servicebetriebe. Und damit ist alles gemeint,
was Sie in die Wohnung ihrer potentiellen Kunden bringt. Denn, das ist die
größte Hürde. Also versuchen Sie es mit: GRATIS Überprüfung – Kontrollen
– Abgasmessung – Service etc. Ich hatte einen Kunden, der hat GRATIS
Fensterservice vor dem Winter und nach dem Winter angeboten.
Überprüfung der Dichtheit, Ölung von Scharnieren, Einstellung der
Fensterflügel, damit sie besser schließen. Alles Gratis – außer wenn es
echte Ausbesserungen gab oder Ersatzteile. Aber das Wichtigste: Der
Handwerker war vor Ort und hat sofort gesehen, welche Fenster schon alt
waren und hat dann sofort mit einem Verkaufsgespräch begonnen und
konnte die Fenster ausmessen, um ein konkretes Angebot für NEUFENSTER
zu erstellen!!!!!

G)
GRATIS LIEFERUNG
Überlegen Sie sich, was Sie GRATIS anbieten können. Diese Gratis Lieferung
erwähne ich, weil es genau diese Gratis Lieferung ist, die fast jeder
Handwerker oder auch kleine Händler automatisch anbietet, wenn er

Arbeiten ausführt oder seine Ware liefert. Automatisch anbietet, aber diese Gratis Lieferung nicht extra bewirbt. **Ein großer Fehler!** Wenn Sie sich die Lieferbedingungen der Big Player ansehen, dann gibt es dort unglaubliche Zusatzkosten für die Zustellung, die die Kunden erwarten. Das wird entweder große mit GRATIS LIEFERUNG geworben oder – WIR STELLEN IHNEN EINEN GRATIS LKW zur Verfügung. Oder es wird eine Lieferung bis zur Haustüre angeboten (zu einem bestimmten Preis) oder Lieferung bis zur Wohnungstüre (zu einem etwas höheren Preis) bis zu Lieferung inkl. Aufbau (zu einem noch höheren Preis). Es gibt aber in einem bekannten Möbelhaus auch die Lieferpolitik, wonach Zustellung und Aufstellung von Möbeln zwischen 5%und 10% vom Verkaufspreis des Möbelstückes ausmachen. Vom Verkaufspreis!!! Und das wird dann bei einem Sofa für € 2500,- ganz schön happig. Also – haben Sie etwas Gratis – dann werben Sie auch offensiv damit!!!!!!

H)
MÜTTER MIT KINDER -50%

Das kann jede Boutique – jeder Händler – jedes Lokal – jedes Unternehmen anbieten! Denn die Vergünstigung ist nicht 50% - sondern eben nur 50% für eine ganz bestimmte Zielgruppe (vielleicht eine Zielgruppe, die man bisher noch gar nicht richtig angesprochen und erreicht hat). Die üppigen 50% Rabatt, sind daher eigentlich nur 10% auf den Gesamtumsatz berechnet. Aber auf dem Flyer machen sich -50% immer besser als mickrige -10%! Denn die locken keine Oma mehr hinter dem Ofen hervor!

Formate Miniflyer - Visitenkarten

Visitenkarten

Guten Tag, bitte wählen Sie die gewünschte Ausführung aus!

**Visitenkarten
einseitig**

**Visitenkarten
zweiseitig**

Klappvisitenkarten

Exklusive Materialauswahl für Ihre Visitenkarten:

- 300g Visitkartenkarton hochweiß
- 350g Kunstdruckkarton seidenmatt gestrichen
- 270g Premium Laid weiß, naturweiß und grau
- 220g Premium Felt Flax
- 350g Premium Felt weiß, naturweiß
- 350g Premium Leinen weiß und naturweiß
- 300g Premium Munken, matte Oberfläche, cremeweiß
- 350g Premium Feel mit feiner Mikrostruktur
- Selbstklebend (mattweiß mit geschlitzter Rückseite)
- transparenter Kunststoff mit partiellem Weißdruck (nur einseitig im Format 85x55mm)
- transparenter Kunststoff, Farben durchscheinend (nur einseitig im Format 85x55mm)
- transparent 0,5 PP mit 3D Effekt inkl. Aufdruck 4c Format 85x55mm
- Ahornholz oder Kirschholz ca. 0,5mm dick, Laserzuschnitt, echtes Holz von Microwood!

Quelle: www.digitaldruck.at

Auch hier spricht natürlich nichts gegen „ungewöhnliche" Formate (egal ob RUND – OVAL – DREIECKIG oder wie auch immer). Wichtig bei Visitenkarten ist nur das Gesamtformat! Die Karte sollte also in jedem Fall immer noch in die Brieftasche oder in eine Visitenkartenmappe passen – sonst wurde das Werbeziel verfehlt und die Visitenkarte landet in kürzester Zeit im Papierkorb.

Das Interview mit dem Werbetherapeuten

FRAGE: Thema: Flyer, Flugblatt, Postwurfsendung. Wenn ich mir anschaue, wie viele Werbezettel ich in die Hand gedrückt bekomme, in meinem Postkasten landen, an meiner Haustüre hängen ... und wie viele davon weggeworfen werden: Wofür soll ich überhaupt noch Flyer produzieren?

GMEINER: Flyer – und das gilt für Werbung grundsätzlich – ist immer eine Sache der Masse. Egal, was ich mache: Werbung wird zum Großteil nicht beachtet, wird zum Großteil weggeworfen und nicht genutzt von dem, der es bekommt. Das ist nun einmal so, das ist Fakt.

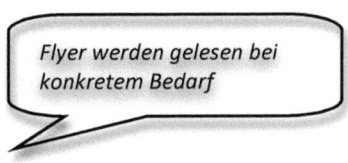

Werbung ist eine Sache der Masse

Flyer werden gelesen bei konkretem Bedarf

Flyer werden immer dann in die Hand genommen, wenn ich als Kunde konkreten Bedarf habe. Heute gibt es unzählige Flyer zum Thema Auto, Pizzaservice, Zustelldienste, vielleicht von Lokalen und Gastronomiebetrieben, hauptsächlich auch von großen Möbelhäusern und großen Anbietern von Elektrogeräten, Elektronik, Unterhaltung. Immer mehr kommen auch die großen Supermärkte dazu, die mit ihren Aktionen werben.

Was mir dabei auffällt ist, dass ich sofort alle Prospekte wegwerfe, die mit Wohnungseinrichtung zu tun haben, wenn ich derzeit keinen Bedarf an Möbeln habe. Wenn ich mir aber eine Neuanschaffung überlege und mir beispielsweise eine Couch kaufen will, dann werden diese Flyer und Prospekte, die ich zugesandt bekomme, wieder extrem relevant.

Diese Relevanz ist für den, der die Werbung macht, wiederum wichtig, weil er Flyer ja nicht für diejenigen produziert, die nur aus Jux und Tollerei darin lesen, sondern er ist genau an jenen Leuten interessiert, die Bedarf an seinen Produkten haben. Ob dieser Bedarf jetzt vorhanden ist oder in zwei Monaten oder in einem Jahr, das ist wiederum nicht so interessant – zumindest bei großen Märkten und Anbietern. Für die großen Häuser ist es wichtig, dass sie wahrgenommen werden, dass Interessenten den Katalog lesen und in eines der großen Geschäfte fahren. Die Flyer sollen Kunden ins Geschäft locken. Wann die Kunden kaufen ist nicht so wichtig, Hauptsache sie kommen.

Für Kleinbetriebe sieht das etwas anders aus. Da spielt es sehr wohl eine Rolle, dass der Umworbene im Moment einen konkreten Bedarf hat. Kleinbetriebe können meist nur ein, zwei oder drei Flyer-Aussendungen pro Jahr machen – also nur selten – daher ist das schnelle Generieren von Umsatz für die kleinen Anbieter wichtiger als für die großen. Die großen Anbieter haben immer irgendwelche Angebote, Specials, Aktionen. Die kleinen Anbieter haben meist keine laufenden Angebote, sondern nur punktuell.

Flyer ist eine Sache von: Komm – jetzt! Flyer werden immer noch beachtet – vielleicht selektiver als früher. Flyer haben immer noch einen Soforterfolg und sind hier erfolgreicher als andere Werbemittel wie z.B. Fernsehen, Plakate, etc.

Flyer ist eine Sache von: Komm – jetzt!

Was zählt sind gute Angebote. Wir leben im Schnäppchen-Zeitalter. Jeder will gute Qualität zum niedrigen Preis. Gute Angebote sind das Um und Auf für den Erfolg, denn jeder Konsument kennt heute die Angebote, die es auf dem Markt gibt. Der Konsument von heute vergleicht. Und das ist mit dem Internet sehr einfach geworden. Der Flyer ist eine schnelle Möglichkeit, um an jeden in meiner Umgebung – und das ist jetzt ein Hinweis für die kleinen Anbieter – an jeden in der Umgebung meines Lokals bzw. Geschäftes

Was zählt sind gute Angebote!

heranzukommen. Wenn ich ein gutes Angebot präsentiere, dann werden die Kunden mit hoher Wahrscheinlichkeit kommen.

FRAGE: Heißt das, der Flyer ist das Mittel der Wahl, wenn ich in unmittelbarer Umgebung die Information platzieren will?

GMEINER: Genau. Der Flyer ist eine schnelle Art und Weise, wie man Werbung machen kann. Es ist immer noch günstig, weil ich das sehr gut steuern kann. Ich kann die Reichweite steuern, indem die Information in der Umgebung platziert wird. Bei einer Anzeige in der Zeitung erreiche ich zwar alle Leser, aber nur wenige sind relevant für mein Angebot – vor allem wenn es sich um ein kleines Geschäft handelt.

Flyer – Werbung schnell und günstig

Ich kann die Höhe der Auflage steuern und damit die Kosten. Flyer sind also auch relevant für Unternehmen mit wenig Budget. Man kann jederzeit entscheiden, ob ich 1000 oder 5000 oder 10000 Flyer verteilen oder verschicken möchte. Die Kosten können also flexibel gesteuert werden und man kann sehr punktuell damit werden. Gerade deswegen ist der Flyer ein gutes Werbemittel für ganz kleine Betriebe.

... auch für ganz kleine Betriebe

FRAGE: Sie sind Experte für Low Budget Werbung. Nun haben Sie angesprochen, dass Flyer ein kostengünstiges Werbemittel sind. Gleichzeitig sagen Sie, dass Werbung über Masse geht, es müssen viele sein, denn mit zwei oder drei Flyern erreicht man gar nichts. Kann man Werbung mit Flyern überhaupt als Low Budget Werbung bezeichnen?

GMEINER: Ja, absolut. Dabei gilt es zu unterscheiden.

Es gibt den Flyer „an einen Haushalt", der entweder im Postkasten landet oder über einen Prospektverteiler an die Haustür kommt.

Dann gibt es die zweite Variante des Flyers, nämlich die direkte Verteilung – sei es im eigenen Geschäft oder durch hübsche Mädchen oder Jungs in einer Straße oder vor einer Schule oder vor einem Einkaufscenter, wo auch immer.

Direktverteilung – effektiv für kleine Betriebe

Das beste Beispiel für diese Art der Verteilung sind Tourismushochburgen: Da werden von Diskotheken tagsüber hübsche Mädchen und attraktive Jungs an die Strände geschickt, um dort aktiv mit Hilfe von Flyern zu akquirieren. Das heißt, mit dem Flyer bekommt man ein gratis Getränk oder freien Eintritt, wenn man jemanden mitbringt – Stichwort: gratis – plus die Information, dass heute ein besonderer DJ oder ein besonderer Sänger vor Ort ist – Stichwort: Highlight – plus die Info: Heute Technoparty oder Schaumparty – Stichwort: Event. Das ist Werbung, wie sie sehr erfolgreich gemacht wird – auch von riesengroßen Diskotheken. Die Urlauber am Strand bekommen einen Flyer in die Hand und die Botschaft: Komm heute – du bekommst etwas gratis!

Immer wichtig beim Flyer ist ein besonderer Vorteil. Es genügt nicht zu sagen: Ich habe diese und jene Produkte und diese präsentiere ich. Das ist zu wenig. Bieten Sie immer eine kurzfristige Aktion oder eine kurzfristige Vergünstigung oder auch ein Highlight.

Wichtig: Bieten Sie einen besonderen Vorteil!

Ob groß ob klein – für jeden Laden ist Flyer-Werbung sinnvoll. Auch für den kleinsten Kebab-Stand wäre der Flyer das perfekte Werbemittel.

FRAGE: Ein Flyer funktioniert also nur, wenn ich etwas Besonderes anbiete?

GMEINER: Etwas Besonderes anzubieten ist in der heutigen Zeit grundsätzlich immer erforderlich, weil die Angebote so riesig sind. Sie müssen etwas anbieten, was nicht jeder hat, was sich von der Masse abhebt.

Sogar dann, wenn Sie ein ungewöhnliches und gutes Produkt haben ist es nicht einfach, damit erfolgreich zu sein. Wenn Sie also sagen können: Ich habe etwas Neues! Dann sage ich: Super, gut. Wenn Sie sagen: Ich habe ein Highlight! Dann sage ich: Super, gut. Auch wenn es günstig ist – trotzdem müssen Sie zusätzlich ein kleines Schnäppchen anbieten, ein 2 für 1, eine Aktion, damit Sie das schnelle Zugreifen noch mehr forcieren.

Beim Flyer ist das schnelle Zugreifen wichtig, daher braucht es gute Angebote. Bauen Sie Recall-Elemente ein, Gutscheine, Kupons, Antwortkarten oder Ähnliches. Wirksam und einfach umzusetzen ist die Botschaft: Bringen Sie uns diesen Gutschein und Sie bekommen ...

> *Zugreifen! Angebot! Gutschein!*

FRAGE: Mal ganz praktisch: Ich habe Flyer von drei verschiedenen Pizza-Zustelldiensten. Was ist das Ausschlaggebende für meine Entscheidung, bei wem ich bestelle? Bis jetzt verstehe ich Sie so: Wenn die Pizza um 2 Euro billiger ist, dann kaufe ich dort.

> *Billig – das ist das Kriterium?*

GMEINER: Das ist ein exzellentes Beispiel. Ich habe jeden Flyer von Pizzaservices, den ich irgendwie bekommen habe, gestapelt. Jetzt habe ich auf meinem iPad sogar ein APP, bei dem ich auf Knopfdruck sehen kann, welche Lieferservices es in meiner Umgebung gibt. Bei den Flyern ist es so, dass ich ganz gezielt

> *Ja, billig ist immer ein Kriterium!*

suche, wer mir um 5 oder 6 Euro die Pizza liefern kann. Der Preis ist definitiv wichtig.

Die normalen Preise einer Pizza bewegen sich bei 8 oder 9 Euro, hin und wieder bestelle ich auch bei denen – aber nur bei jenen, von denen ich weiß, die Qualität ist gut. Und das weiß ich nur, weil ich schon einmal aufgrund einer besonderen Aktion bei ihnen bestellt habe.

In meiner Umgebung gibt es eine Pizzeria, die wirklich sehr gute Pizza macht und normalerweise zwischen 6,90 und 9,90 Euro verlangt. Jeden Samstag bietet diese Pizzeria einen Lieferservice: Jede Pizza um 5,50 Euro, inklusive Lieferung. Jahrelang habe ich diesen Service nur am Samstag in Anspruch genommen, doch mit der Zeit auch an anderen Tagen, weil die Pizza einfach so gut ist. Dennoch ertappe ich mich immer wieder dabei, wie ich alle Flyer durchstöbere um besondere Aktionen und billigere Angebote zu finden. Also ja, billig ist immer ein Kriterium!

Egal, wie hoch das Einkommen ist, jeder ist auf der Suche nach Schnäppchen.

Warum soll ich gerade heute bei diesem Laden kaufen? Weil es nur heute oder nur diese Woche diesen unschlagbar billigen Preis gibt. Es ist nie ein Fehler, ein Angebot in dieser Art einzubauen.

Ein andere Art von Schnäppchen: Bei der 10. Bestellung bekommen Sie … gratis dazu! Das ist vor allem gut, um Kunden zu halten, aber durchaus auch, um das erste Mal einen Kaufreflex auszulösen.

FRAGE: Bis jetzt haben wir gehört: Meine Pizza muss gut sein, mein Preis muss günstig sein, ich muss Angebote haben. Wenn ich nun einen Flyer gestalte: Was muss unbedingt drinnen stehen?

Was muss im Flyer drin stehen?

GMEINER: Lassen Sie es mich so sagen: Es müssen bestimmte Elemente im Flyer drinnen sein.

> *Erstens: Auffallen – egal wie!*

Erstens: Das Ding muss auffallen. Egal wie!

Was ich sehr befürworte ist eine außergewöhnliche Form. Die Schnittform des Flyers kann ungewöhnlich sein, sprich: rund oder dreieckig ... allein dadurch fällt der Flyer auf.

Zu einer Pizzeria würde natürlich ein runder Flyer perfekt passen. Wenn ich mir ein rundes Leporello vorstelle, auf jeder Seite ist eine Pizza abgebildet, mit Angabe von Preis und Zusammensetzung, vielleicht sogar mit einem Kommentar von jemandem, der die Pizza schon gegessen hat: „Die beste Salami-Pizza von Wien!" Super Sache, so einen Flyer würde ich gerne lesen: auffällig, produktbezogen – und heute ist das alles ohne enormen Kostenaufwand machbar. Sicher ist: Wenn ich einmal einen so ungewöhnlichen runden Flyer von einer Pizzeria auf den Tisch bekomme, dann werde ich ihn nie vergessen. Ich vergesse vielleicht den Namen der Pizzeria, aber der Flyer wird in meinem Gedächtnis bleiben.

> *Zweitens: Angebot muss ins Auge springen*

Zweitens: Ein Angebot muss sofort ins Auge springen.

Es genügen auch kleine Aktionen wie zum Beispiel: Jeden Samstag von 15 bis 17 Uhr minus 50% !

Denn ich sehe sofort, dass dieser Flyer von einer Pizzeria kommt. Ich weiß, was eine Pizzeria so anbietet, fast immer gibt es Salami-Pizza, Pizza Diavolo und wie sie alle heißen. Ich muss also sofort sehen: Bieten die mir eine größere Pizza an? Bieten sie mehr Belag an? Bieten sie mir an, dass ich gratis 4 Zusatzzutaten auswählen kann? Bieten sie mir etwas billiger an? Garantieren sie mir Zustellung innerhalb von 30 Minuten? Oder wie es in Amerika üblich ist, bei uns noch nicht so: Wenn die Zustellung länger als 45 Minuten dauert, dann gibt's die Pizza gratis. Es muss mir gelingen, unübersehbar einen klaren Kundenvorteil zu präsentieren.

Der niedrige Preis regt immer zum Erstkauf an, ebenso wie ein klares Vorteilsangebot. Wenn Sie weiterhin zum Kauf anregen wollen, dann können Sie zusätzlich eine Kundenkarte auf dem Flyer einbauen: Die 10. Pizza gratis! Dann befestigt der Kunde den Flyer auf seinem Kühlschrank und bestellt, damit er diesen Vorteil ausnutzen kann. Auch auf diese Weise bleibt ein Flyer im Gedächtnis.

Viele Flyer von Pizza-Zustelldiensten kommen sogar ganz ohne Fotos aus, weil ohnehin klar ist, was hier geboten wird.

FRAGE: Stichwort Bilder: Früher war Farbdruck ja sehr teuer. Wie ist das heute, ist das immer noch so?

GMEINER: Nein. Farbdruck ist heute preislich kaum noch ein Unterschied. Die Technologie hat sich sehr verändert, daher kein Problem.

Auf eines müssen Sie jedoch unbedingt achten: Wenn Sie Fotos verwenden, dann brauchen Sie Bilder in guter Qualität!

> *Bilder unbedingt in guter Qualität!*

Ich bemerke immer wieder in Lokalen, dass Fotos auf Speisekarten oder Flyern eingesetzt werden, die ganz offensichtlich schlecht gemachte Amateurfotos sind. Glauben Sie mir: Es ist besser keine Fotos zu verwenden als schlechte.

FRAGE: Qualität ist also auch in der Herstellung wichtig?

GMEINER: Ja, Qualität ist gut, aber es muss nicht teuer sein. Als Low Budget Fachmann sage ich: Wenn Sie keine guten Fotos haben, dann müssen Sie nicht unbedingt welche vom Profi machen

> *Fotos: Qualität muss nicht teuer sein*

lassen. Vor allem wenn es ein gängiges Produkt ist – eine Pizza, ein Schnitzel – dann gibt es im Internet viele Plattformen, wo man sich kostengünstig professionelle Fotos kaufen kann, zum Beispiel fotolia.de, photocase.de, istockphoto.com ... Ein schönes, ausdrucksstarkes Foto passend zum Angebot kaufen und schon ist der Flyer ein Hingucker.

FRAGE: Für die Gestaltung eines Flyers brauche ich einen Grafiker. Da hat man im Kopf: Grafiker sind irrsinnig teuer. Stimmt das?

GMEINER: Ja und nein. Es stimmt, es gibt Grafiker, die sehr viel Geld für ihre Arbeit verlangen. Eine Kundin sagte mir kürzlich, sie habe für ein Logo, einen Flyer und eine Visitenkarte mehr als 2000 Euro beim Grafiker bezahlt.

Mein Tipp: Vergleichen Sie! Holen Sie Angebote ein! Denn der Markt ist riesig und die Palette an Angeboten und Preisen hat eine große Band-

Grafik muss nicht teuer sein – vergleichen Sie!

breite. Preise und Konditionen einholen – fertig. So wie es im Geschäftsleben immer gemacht werden sollte.

FRAGE: Sie sagen das so selbstverständlich, aber ist das auch in der Low Budget Zielgruppe, für kleine Unternehmer, Einzelkämpfer so selbstverständlich? Gerade die bewegen sich nicht so selbstsicher in der Geschäftswelt und lassen sich oft auf das erstbeste Angebote ein.

GMEINER: Die nehmen leider oft das was kommt, ohne weitere Vergleiche.

Wenn Sie eine kostengünstige Grafik haben möchten, dann können Sie natürlich auch zu mir kommen. Schließlich bin ich Low Budget Experte. Im Rahmen meiner Coaching-Tage garantiere ich, dass ich einen Flyer fix und fertig mache, damit der Kunde ihn am nächsten Tag an die Druckerei schicken kann. Bei mir ist das im Preis für einen Coaching-Tag komplett integriert, die Flyer-Grafik verursacht in diesem

Fall keine extra Kosten. Inklusive Copyright, das bekommt der Kunde ebenfalls dazu.

Das heißt, das Argument, dass man sich keinen Grafiker leisten kann und daher alles selber machen muss – das stimmt nicht mehr ganz.

Selbst wenn man gar kein Budget hat, kann man zurückgreifen auf Layouts, die Druckereien kostenlos zur Verfügung stellen. Das Internet macht's auf alle Fälle möglich.

> *Null Budget? Dann tut es auch die gratis Vorlage*

Wichtig: Es geht nie um die eigentliche Gestaltung des Flyers – viel wichtiger sind die Inhalte, die Vorteile, die mit diesem Flyer transportiert werden. Wenn diese Vorteile gut herauskommen, dann ist auch ein schwarz-weiß kopierter Zettel, einseitig bedruckt, Format A5, ganz simpel gemacht, erfolgreich.

> *Inhalte und Vorteile sind wichtiger als Gestaltung*

Auch damit habe ich bei Kunden mehrfach Erfolge erlebt. Ein ganz einfacher Flyer war erfolgreich, weil das Richtige darauf gestanden ist. Und das Richtige ist eben ein gutes Angebot – Punkt, Ende, aus.

FRAGE: Das Angebot entscheidet über alles?

GMEINER: Das Angebot an sich entscheidet über alles. Was nützt es, wenn ich auf Hochglanz mit schönen Bildern einen stylischen Flyer mache und nichts Besonders zu bieten habe?

> *Das Angebot entscheidet alles*

Bleiben wir beim Beispiel Pizzeria. Ich betreibe eine normale Pizzeria mit normalen Preisen, biete keine speziellen

Angebote habe auch keine außergewöhnlichen Pizzas im Programm. Würde ich bei dieser Pizzeria kaufen, nur weil sie einen Hochglanz-Flyer hat, cellophaniert, mit Quasten dran? Das würde vielleicht lustig auffallen. Aber kaufen werde ich nicht, denn 08/15 Pizza bekomme ich überall. Ausgenommen vielleicht, wenn der Flyer verspricht, er liefert mir die Pizza mit einer Limousine und einem livrierten Diener ...

Das ist übrigens etwas, das mir abgeht: Keine Pizzeria hat exklusive Pizzas im Angebot, wie z.B. Trüffel-Pizza, oder Pizza auf der ein Octopus thront *Bieten Sie etwas Neues, Ungewöhnliches* anstatt dem üblichen Meeresfrüchtemix ... Ich vermisse außergewöhnliche, ungewöhnliche Pizza auf den Speise-karten. Und wenn dieses exklusive Ding dann 20 Euro kostet, okay, soll sein, es ist schließlich einzigartig. Es gäbe sicher Leute, die sagen: Cool, das muss ich mal probieren. Man gönnt sich ausnahmsweise mal was.

Viele Möglichkeiten bleiben ungenutzt, weil man das Standard-Angebot hat, jene Produkte, die man überall findet. Zu wenige Anbieter überlegen, wie man sich aus der Masse der Produkte abheben kann, welche neuen Produkte sie anbieten könnten. Aber gerade das ist in der heutigen Zeit besonders wichtig – denn wir haben alles, also suchen Kunden nach dem Speziellen, Ungewöhnlichen.

Was in der Gastronomie längst üblich ist könnte man auch in der Pizzeria oder am Fast Food Stand machen: saisonbedingte Angebote wie Wildwochen, Spargelzeit, Erdbeerwochen etc.

FRAGE: Okay, der Flyer ist gestaltet. Ich habe auch Preise und Angebote der Druckereien verglichen ...

GMEINER: Hoffentlich! Da gibt es riesige Unterschiede, egal ob Druckerei in der Umgebung oder Internet-Druckerei ...

FRAGE: Die Daten sind in der Druckerei und ich bekomme wenig später das Paket mit den Flyern. Was jetzt, wie bringe ich sie unter die Leute?

GMEINER: Schon im Vorfeld muss man natürlich überlegen und planen, wie die Flyer verteilt werden.

Das können junge Leute, Studenten sein, die ich engagiere und die persönlich die Flyer verteilen. Flyer verteilen zählt zu den typischen Stundentenjobs.

Von Leuten direkt verteilen lassen ...

Oder ich beauftrage einen professionellen Prospekt-verteiler – einfach zu finden in den gelben Seiten oder im Internet – und wieder Preise

... oder durch einen Prospektverteiler ...

vergleichen! Ich muss dem Prospektverteiler sagen, was ich gerne haben möchte. Zum Beispiel: Ich habe einen Laden und möchte das im Umkreis von 5 km um meinen Geschäftsstandort verteilen lassen, oder ich möchte nur bestimmte Straßenzüge oder Regionen.

Recherchieren Sie, welche Prospektverteiler es gibt, welche Preise sie anbieten können und ob sie seriös sind. Recherchieren Sie das, bevor Sie den Auftrag vergeben! Seriös und möglichst kostengünstig soll es sein.

Eine Variante ist natürlich, die Flyer mit der Post verschicken zu lassen. Wichtig dabei ist bereits vor dem Druck zu bedenken, dass bei einer Postaussendung bestimmte

... oder durch die Post versenden lassen

Sätze und Zeichen aufgedruckt werden müssen. Das heißt, Sie müssen das schon bei der Flyer-Gestaltung berücksichtigen. Erkundigen Sie sich vorher, was auf dem Flyer stehen muss, damit es die Kriterien der Post für die Verteilung erfüllt.

Achten Sie auf gute Planung und Timing. Wann kommt der Flyer aus der Druckerei? Wie rasch kommt der Flyer zum Prospektverteiler? Es ist wichtig, dass es hier zu keinen Verzögerungen kommt. Die Info auf dem Flyer ist in der Regel nur kurz aktuell. Wenn das Timing nicht klappt, können Sie die Flyer meist nur noch ins Altpapier werfen. Denn es hat keinen Sinn einen Flyer zu verteilen, wenn ein Angebot ab 5. März eine Woche lang gültig ist, der Flyer jedoch erst am 8. März aus der Druckerei kommt. Die zeitliche Planung ist hier extrem wichtig. Informieren Sie sich im Vorfeld: Wie lange sind die Druckzeiten? Wie lange sind die Auslieferungszeiten? Wie lange sind die Zeiten für das Verteilen selbst?

> *Achten Sie auf gute Planung und Timing*

FRAGE: An wen soll mein Flyer nun verteilt werden? Wie bestimme ich die Zielgruppe des Flyers?

GMEINER: Die Zielgruppe ist immer abhängig vom Produkt, das ich habe. Ein gehobenes Einrichtungshaus beispielsweise wird sich an Personen mit höheren Einkommen wenden. Die Überlegung ist dann, wie ich diese Zielgruppe erreichen kann. Wo könnten meine Zielgruppen wohnen? Wenn ich regional denke, dann werde ich in einer Großstadt an jene Haushalte in Nobelvierteln verteilen lassen. In Villenvierteln ist die Wahrscheinlichkeit groß, dass ich diese Zielgruppe tatsächlich erreiche. Man wählt also Adressen, wo man annehmen kann, dass hier einkommensstärkere Menschen wohnen.

> *Die Zielgruppe richtet sich nach dem Produkt*

Wenn ich die Flyer von Hand verteilen lasse und teurere Produkte bewerbe, dann wähle ich einen Platz zum Verteilen, wo eher noblere Läden zu finden sind. Und ich achte auf das Auftreten der Leute, die

> *T-Shirt mit Firmenlogo für die Verteiler*

meine Flyer verteilen, denn für ein hochpreisiges Produkt sollten die Verteiler keine abgerissene Kleidung tragen, damit wäre ein solches Produkt unglaubwürdig. Ich sage mal salopp: Hübsche Mädels gibt's überall. Gut wäre auch, wenn die Verteiler ein T-Shirt mit dem Firmenlogo tragen. Je auffälliger die sind, desto besser.

Auffallen ist wichtig! Am Faschingdienstag könnten die Verteiler mit einer roten Nase oder einer gelben Perücke herumlaufen. Am Valentinstag könnte auf dem T-Shirt ein großes Herz aufgedruckt sein.

Auffallen ist wichtig!

Freundlichkeit ist wichtig!

Freundlichkeit ist wichtig. Als Verteiler sollten sie keine miesepetrigen Typen engagieren, sondern fröhliche Leute, die auch ein bisschen kommunikativ sein sollten. Es ist schwierig, Flyer an den Mann und die Frau zu bringen, das muss man auch sagen.

Die Größe des Flyers ist übrigens ein wichtiges Thema. Visitenkartengröße ist kein Fehler. Sprich ein Flyer bei der Handverteilung darf klein sein, schließlich müssen die Leute das Ding in die Tasche stecken. Größer als A5 ist bei Handverteilung schlecht. Beim Postversand darf der Flyer ruhig groß sein, schließlich soll er im Postkasten auffallen.

Flyer – groß oder klein?

An dieser Stelle möchte ich auf die Werbemöglichkeit im Lesezirkel hinweisen. Hier könnte ich mit einem Flyer in Größe A4, vierseitig, eine Lesezirkel-Beilage machen. Das ist auch extrem günstig und – Stichwort

Beilage im Lesezirkel
HINWEIS:
In Kürze wird es ein eigenes Büchlein vom Werbetherapeuten zum Thema „Werbung mit Lesezirkel" geben.

Zielgruppensuche – der Lesezirkel wird verteilt in der gesamten Stadt oder im gesamten Landkreis. Bei einem Flyer habe ich immer das Problem: In welchem Bezirk verteile ich diesen Flyer? Meist wird es die Umgebung meines Geschäftes sein.

Der Lesezirkel hat eine vergleichsweise geringe Auflage – was die Druckkosten senkt – und eine viel größere Reichweite. Der Lesezirkel liegt ja in besonders stark frequentierten Geschäften, Büros, Arztpraxen, Gaststätten usw. auf. Normalerweise geht man davon aus, dass ein Exemplar einer Zeitschrift von 1-2 Personen gelesen wird. Beim Lesezirkel ist es so, dass ein Exemplar 10, 20 oder 50 Leute lesen. Daher erreiche ich auch mit kleineren Auflagen meines Flyers in einer Lesezirkel-Beilage viele potentielle Kunden. Bei einer Auflage von 3500 Stück kann ich 40.000 Leser und mehr erreichen, die auch meine Flyer-Beilage in die Hand bekommen.

Lesezirkel-Beilage ist eine gute und kostengünstige Alternative, wenn man keine Ahnung hat, aus welchen Gegenden und Stadtvierteln die Kunden zu mir kommen. Und diesen A4-Flyer kann ich immer noch auf anderen Wegen zusätzlich verteilen. Somit fange ich zwei Fliegen mit einer Klappe.

FRAGE: In diesem Kontext muss ich an die Beilagen der U-Bahn-Zeitschrift in Wien denken. Die Anzeigen in diesem Magazin sind sehr teuer, aber die Preise für Beihefter sind vergleichs-weise kostengünstig. Ich bin sicher, die Beihefter sind als Werbemittel erfolgreicher, denn ich sehe oft Leute, die das lesen oder auch mitnehmen.

Flyer als Beihefter oder Beilage bei Zeitschriften

GMEINER: Ja, die Beihefter sind effektiver, weil sie auch einen ganzen Monat in den U-Bahnen hängen. Das gibt es in Wien, man müsste recherchieren, ob es etwas Vergleichbares in anderen Städten in Deutschland, Österreich, Schweiz gibt.

Beilagen sind nicht schlecht, leider sind sie in den meisten Medien sehr teuer. Denn Medien lassen sich ihr Image zahlen, also muss ich davon ausgehen, dass ich in einem bekannten Medium sehr hohe Preise zahle. Als Beihefter einer regionalen gratis Zeitschrift wird es sicher kostengünstiger sein.

Kunden mit wenig Werbebudget können sich eine Beilage mit hoher Wahrscheinlichkeit nicht leisten. Dann ist die Frage, ob die Beilage nur bei den Abonnenten oder nur im freien Zeitschriftenhandel beigelegt werden soll. Oder ich kann meist auch sagen, dass ich 10.000 Stück beilegen will, egal wie hoch die Gesamtauflage der Zeitschrift ist. Hier kann man recherchieren, welche Möglichkeiten welche Zeitschrift bietet.

FRAGE: Und ich kann recherchieren, welche Fachzeitschriften es gibt, wenn mein Flyer für eine spezielle Zielgruppe konzipiert ist.

GMEINER: Natürlich. Da muss man recherchieren, welche Fachzeitschriften es in einer Branche gibt. Und man muss aufpassen, dass man nicht an eine Zeitschrift gerät, die nicht gelesen wird. Ich bekomme viele Zeitschriften, und viele schaffen es nicht mal, dass ich sie aus dem Zellophan auspacke. Hochglanz, schön gemacht, aber im Grunde nur PR und keine wirkliche Information.

FRAGE: Das heißt, man sollte die Zeitschriften auch lesen, bevor man sich entscheidet, darin zu werben?

GMEINER: Unbedingt, ja.

Wir haben uns jetzt wieder in den hochpreisigen Sektor bewegt. Wechseln wir wieder zu Low-Budget.

Eine wirklich kostengünstige Variante haben wir noch gar nicht besprochen. Die simpelste Variante wäre ein Flyer-Austausch. Das heißt, in der Umgebung, in einem kleinen Gebiet, wo mehrere Kaufleute sind, legt man

Simpel: Vernetzung!
Austausch von Flyern

gegenseitig die Flyer in den Läden auf. Der Metzger legt beim Bäcker seine aktuellen Angebote auf und umgekehrt. Vernetzung untereinander ist eine hervorragende Möglichkeit, Kunden zu erreichen.

Man kann in anderen Läden, in Arztpraxen, in Lokalen in der Umgebung einfach fragen, ob man Flyer auflegen darf, eventuell auch gegen einen kleinen finanziellen Beitrag. Oder ich gebe eine kleine Probe von einem meiner Produkte dazu.

Das ist mit etwas Mühe verbunden, das ist klar. Aber ich sage immer: Wer wenig Geld hat, der muss mit Schweiß bezahlen.

FRAGE: Sie sind, wie ich weiß, ein Verfechter von ungewöhnlichen Aktionen. Gilt das auch beim Flyer-Verteilen?

GMEINER: Ja, absolut. In der Werbung ist alles erlaubt, was vom Gesetz her nicht verboten ist. Alles ist möglich! Und nichts sollte beim Brainstorming ausgeschlossen werden.

In der Wiener Innenstadt gibt es ein Bierlokal, das seinen Prospektverteiler als Litfass-Mann rumlaufen lässt. Super!

Ungewöhnliche Aktionen – alles ist möglich!

Es gibt auch Werbeaktionen an großen Straßenkreuzungen, wo auffallend gekleidete Prospektverteiler Flyer und einen Energydrink oder sonst etwas an die Autofahrer während der Rotphase verteilen. Das wird dann natürlich schon teurer, weil da gleichzeitig 5 bis 6 Leute im Einsatz sind. Das kann sich aber für einen Laden an dieser Straßenecke absolut rentieren. Nur leider kommen die Leute nicht auf die Idee, eine solche Aktion zu machen. Und wenn sie auf eine solche Idee, dann scheuen sie den Aufwand, zum Gemeindeamt zu gehen und entsprechende Genehmigungen einzuholen. Das muss angemeldet werden, eine Gebühr muss entrichtet werden und diverse Auflagen müssen erfüllt sein. Weil es aufwändig ist werden solche Aktionen meist von Promotion-Firmen übernommen. Recherchieren Sie einfach im Internet, was hier Promotion-Firmen bieten.

FRAGE: Werbung und Marketing setzt auf Corporate Identity. Wie wichtig ist die CI bei Flyern? Wenn ich drei Flyer pro Jahr mache, wie wichtig ist es da, dass ich bei einem wiedererkennbaren Design bleibe?

GMEINER: Das ist wichtig.

> *Wiedererkennbarkeit ist wichtig*

Wir haben bereits über Flyer für Pizza gesprochen. Nehmen wir an, es gibt einen Pizzabäcker, der einen runden Flyer macht. Wenn ich Im Frühjahr dieses Ding bekomme und Monate später im Herbst wieder – ja, selbstverständlich erkenne ich das sofort wieder, obwohl ich vielleicht den Namen des Anbieters gar nicht mehr weiß. Ich weiß nicht mal den Namen des Pizza-Ladens, bei dem ich häufig bestelle, aber ich sehe die Optik dieses Flyers vor mir – der nicht besonders gut gestaltet ist, so nebenbei gesagt.

> *Optik hat große Wirkung beim Konsumenten*

Die Optik ist beim Konsumenten ein sehr wichtiges Identifizierungselement.

FRAGE: Ist es trotz Internet-Zeitalter wichtig, dass man etwas in der Hand hat? Sprich einen Flyer bekommt?

GMEINER: Ja, sicher.

> *Flyer setzen sich auch im Internet-Zeitalter durch*

Nehmen Sie mich als Beispiel. Ich bin ein großer Fan vom iPad. Dennoch habe ich noch kein einziges Buch auf diesem iPad gelesen. Ich bin ein Fan von APPs und habe über APP ein Zeitungsabo. Ich bin nicht begeistert, es ist einfach nicht dasselbe wie die Zeitung in der Hand zu halten. Faszinierend auf dem Bildschirm anzusehen sind die Fotos. Aber der Text?

Flyer, Bücher, Kataloge – Gedrucktes, das man in der Hand halten kann, wird auch weiterhin Bestand haben. Der Flyer funktioniert schnell, billig und wird immer seinen Platz in der Werbung haben.

Flyer erreichen mich, ohne dass ich danach gesucht habe. Das ist ein Nachteil, weil das meiste in diesem Augenblick für mich uninteressant ist und ich den Flyer ungelesen wegwerfe. Gleichzeitig ist es ein Vorteil, weil ich das Angebot lesen werde, wenn ich auch nur ein ganz klein wenig Interesse an diesem Produkt oder Angebot habe.

Im Internet wird eher gezielt gesucht. Man bekommt eine Unmenge an Informationen, da ist es extrem schwer, das Passende zu finden. Als Anbieter ist es bedeutend schwieriger, auf Angebote aufmerksam zu machen, noch dazu, wenn es regionale Nähe erfordert, wie ein Pizza-Laden, um bei dem Beispiel zu bleiben. Da ist der Flyer unschlagbar.

Normale Werbung – Flyer, TV, Radio, Zeitung, etc. – konfrontiert mich mit neuen Angeboten, die ich noch nicht kenne und daher auch nicht suche. Da kann das Internet nicht mithalten.

Natürlich sollte ich auch im Internet präsent sein, keine Frage. Sie sollten so viele Werbemöglichkeiten nutzen wie möglich.

FRAGE: Nun habe ich einen Flyer produziert und ihn verteilt. Was jetzt?

Was kam zurück? War der Flyer erfolgreich?

GMEINER: Überprüfen Sie immer, wie erfolgreich die Flyer-Aktion war. Immer!

Legen Sie jede Werbemaßnahme so an, dass Sie möglichst leicht überprüfen können, ob und wie erfolgreich sie war. Bauen Sie daher in Ihrem Flyer etwas ein, das Ihnen die Kunden zurückbringen oder schicken müssen: Gutschein, Kupon, Antwortkarte ... Denn dadurch haben Sie eine

Möglichkeit zu überprüfen, ob der Flyer tatsächlich etwas gebracht hat oder nicht.

Am besten bieten Sie im Flyer eine Aktion an, die nur kurze Zeit – wenige Tage, zwei Wochen – gilt. Denn auf diese Weise bemerken Sie, ob es Resonanz gibt, ob dieses spezielle Angebot überhaupt nachgefragt wird. Achten Sie darauf, dass es ein wirklich überzeugendes Angebot ist – ein Super Sonderangebot. Wenn dennoch nichts zurückkommt, dann liegt es vermutlich nicht am Angebot, sondern z.B. daran, dass das Medium nicht richtig ist, oder die Verteilmenge ... Dann muss man sich auf Fehlersuche begeben.

FRAGE: Gut, die Flyer sind verteilt und Kunden kommen, um dieses Angebot tatsächlich zu kaufen. Mein erster Gedanke ist: Hält das Angebot, was es verspricht?

Hält das Angebot, was es verspricht?

Machen viele Unternehmen den Fehler, dass sie nicht halten, was sie versprechen?

GMEINER: Ein Fehler passiert schon beim Angebot selbst. Viele sagen: Okay, minus 10%. Das interessiert heute keinen Menschen mehr. Wenn man ein

Das Angebot muss wirklich super sein

Angebot macht, dann muss es heftig sein. Andernfalls habe ich keine Chance gegen all die großen Discounter. Es muss ein Angebot sein, das wirklich gut ist.

Wenn ich nun ein Angebot mache, das mir als Unternehmer ein bisschen weh tut – z.B. minus 50% oder 2 für 1 oder Ähnliches – dann bin ich als Unternehmer gefordert. Als Werbeexperte frage ich den Unternehmer, ob minus 50% möglich ist, der Unternehmer muss entscheiden ob ja oder nein. Wenn er nun ja gesagt hat, der Flyer bringt Leute in den Laden und der Unternehmer ist dann frustriert, weil er schlecht kalkuliert hat, dann ist das ein Problem. Denn die Käufer wollen einem Unternehmer gegenüber stehen der sagt: „Schön, dass Sie da sind! Viel Freude mit dem

Produkt!" Sie wollen Freundlichkeit, einen warmen Händedruck und die Einladung: „Kommen Sie bald wieder!" Kunden wollen auf keinen Fall eine frustrierte Miene des Verkäufers. Das ist kontraproduktiv.

Das heißt, wenn Sie als Unternehmer ein Angebot machen, dann müssen Sie dahinter stehen. Sie müssen die volle Leistung bieten, auch wenn bei diesem Angebot weniger dafür bezahlt wird.

> *Freundlich sein, voll dahinter stehen*

Und – ganz wichtig – das Produkt muss super sein! Wenn Sie eine Pizza um minus 50% verkaufen, dann muss sie genau so lecker gemacht sein wie zum Originalpreis. Denn Sie wollen ja, dass es so lecker schmeckt, dass der Kunde wieder kommt und diese Pizza auch zum Originalpreis kauft.

> *Und noch einmal: Das Produkt muss super sein*

FRAGE: Was ist Ihr Schlusswort zum Thema Flyer?

GMEINER: Das alte Medium Flyer ist ein Werbemittel, das schnell und billig funktioniert und das jeder nutzen kann und jeder nutzen sollte – vor allem dann, wenn ich ein Geschäft, einen Betrieb habe, das lokal verankert ist.

Ideal wäre es, einmal im Monat einen Flyer an die Leute zu bringen – egal, ob 200 Stück, 500 oder 500.000 Stück. Je mehr, desto besser. Wenn die Angebote gut sind, dann kommt was zurück und die Kunden werden kaufen. Definitiv.

FRAGE: Vielen Dank für das Gespräch.

Der Werbetherapeut bei einem Speedcoaching

Die Bücher des Werbetherapeuten

➢ **NO-BUDGET-MARKETING: Die besten Werbemittel für leere Kassen**
(2010, Verlag Redline, ISBN: 978-3868811988)

➢ **BLITZWERBEMITTEL**
Blitzschnell neue Kunden werben, in nur 1 bis 14 Tagen – GARANTIERT!
(2007, Verlag Books On Demand, ISBN: 978-3837002973)

➢ **DAS LOW BUDGET WERBE 1x1**
für Selbständige und Kleinunternehmer
(2005, Verlag moderne Industrie, ISBN: 978-3636011916)
Der Bestseller für alle, die Werbung betreiben und dabei nicht viel Geld ausgeben wollen. Bereits ein Standardwerk!

➤ **Der Königsweg für Low Budget Öffentlichkeitsarbeit: ONLINE PR**
Öffentlichkeit und Medienpräsenz in nur 1 bis 14 Tagen - GARANTIERT!
(2009, Verlag Books On Demand, ISBN: 978-3839103890)

➤ **HOTEL KREATIV!**
333 kreative Hotel- und Gastroideen aus Las Vegas und dem Rest der Welt
(2003, Verlag Books On Demand, ISBN: 978-3833004520)
www.hotelkreativ.de

➤ **HOTEL KREATIV & GASTRO BRAINSTORMING KARTEN**
Ganz einfach frische Ideen selbst mit Kartenspiel generieren! Für
Marketing, Werbung, PR, Promotion, ... Angebote, Aktionen und mehr...
(2009, Verlag Books On Demand, ISBN: 978-3837073966)
www.hotelkreativ.de

➤ **LOW BUDGET WERBUNG & GUERILLA MARKETING FÜR ANWALT,
NOTAR, STEUERBERATER**
(2008, Verlag Books On Demand, ISBN: 978-3837070606)
www.werbetherapeut.com

➤ **LOW BUDGET WERBUNG & GUERILLA MARKETING FÜR FÜR ARZT,
ZAHNARZT, TIERARZT, APOTHEKER**
(2008, Verlag Books On Demand, ISBN: 978-3837060331)
www.werbetherapeut.com

➤ **BESSER WERBEN IN 60 MINUTEN!**
Audio-Kassette – direkt beim Autor oder digital zum Gratis Download unter
www.werbetherapeut.com ... *für Ihr Büro oder für Unterwegs mit allen
wichtigen Tipps zu LOW BUDGET WERBUNG!*

... und viele andere Bücher finden Sie hier:

http://www.werbetherapeut.com/index.php/
buecher-vom-werbetherapeuten

BESUCHEN SIE MEINE HOMEPAGE!

**VIELE GRATIS
DOWNLOADS, EBOOKS UND AUDIOS
FÜR IHRE
LOW BUDGET WERBUNG &
LOW BUDGET PR**

Oder:
Mailen Sie mir Ihr Problem – vielleicht kann ich ja helfen:
werbetherapeut@chello.at